版权声明

A Family Systems Guide to Infidelity by Paul R. Peluso

Copyright © 2019 Taylor & Francis

The right of Paul R. Peluso to be identified as author of this work has been asserted by him in accordance with sections 77 and 78 of the Copyright, Designs and Parents Act 1988.

Authorized translation from the English language edition published by Routledge, a member of the Taylor & Francis Group, LLC.

Copies of this book sold without a Taylor & Francis sticker on the cover are unauthorized and illegal.

All Rights Reserved.

Chinese Simplified language edition published by China Light Industry Press Ltd. / Beijing Multi-Million New Era Culture and Media Company, Ltd., Copyright © 2020.

Copies of this book sold without a Taylor & Francis sticker on the cover are unauthorized and illegal.

本书封面贴有Taylor & Francis公司防伪标签，无标签者不得销售。

保留所有权利。非经中国轻工业出版社"万千心理"书面授权，任何人不得以任何方式（包括但不限于电子、机械、手工或其他尚未被发明或应用的技术手段）复印、拍照、扫描、录音、朗读、存储、发表本书中任何部分或本书全部内容，以及其他附带的所有资料（包括但不限于光盘、音频、视频等）。中国轻工业出版社"万千心理"未授权任何机构提供源自本书内容的电子文件阅览、收听或下载服务。如有此类非法行为，查实必究。

A Family Systems Guide to Infidelity

应对不忠的家庭系统式方法
——理解与重建

[美] Paul R. Peluso / 著

程 章 / 译

中国轻工业出版社

图书在版编目(CIP)数据

应对不忠的家庭系统式方法：理解与重建／(美)保罗·佩鲁索(Paul R. Peluso)著；程章译. —北京：中国轻工业出版社，2020.11（2024.5重印）

ISBN 978-7-5184-3067-3

Ⅰ.①应… Ⅱ.①保… ②程… Ⅲ.①婚姻-社会心理学 Ⅳ.①C913.13

中国版本图书馆CIP数据核字（2020）第119084号

责任编辑：林思语　　　　　责任终审：杜文勇
文字编辑：王雅琦　　　　　责任校对：刘志颖
策划编辑：阎　兰　　　　　责任监印：吴维斌

出版发行：中国轻工业出版社（北京鲁谷东街5号，邮编：100040）

印　　刷：三河市鑫金马印装有限公司

经　　销：各地新华书店

版　　次：2024年5月第1版第2次印刷

开　　本：710×1000　1/16　印张：16.75

字　　数：140千字

书　　号：ISBN 978-7-5184-3067-3　定价：58.00元

读者热线：010-65181109

发行电话：010-85119832　　010-85119912

网　　址：http://www.chlip.com.cn　　http://www.wqedu.com

电子信箱：1012305542@qq.com

版权所有　侵权必究

如发现图书残缺请拨打读者热线联系调换

240404Y2C102ZYW

推荐序一

系统思维指导下的结构化干预技术
——快速有效的婚姻危机应对范式

2018年7月,我在牛津家庭咨询研究院年会上做了题为"系统家庭治疗中的父亲角色"的报告。报告的主持人是保罗·佩鲁索(Paul Peluso)博士。他对我的报告内容很感兴趣,提了很多有意思的问题。我发现,他提问的角度让我有种熟悉而亲切的感觉。晚上一起吃饭的时候,我们交流了很多,这才得知他师从多位著名的家庭治疗大师,比如约翰·高特曼(John Gottman)和朱丽叶·高特曼(Julie Gottman)夫妇,还有著名的情绪心理学家保罗·艾克曼(Paul Ekman),他最主要的临床实践理念来自系统治疗。怪不得!我从1994年开始学习和实践系统家庭治疗,系统治疗的思想是我工作的指导思想,对我的临床实践风格有着巨大的影响。可以说,我的临床心理实践就是在系统论指导下的系统式咨询。

第二天,在会议中场休息的时候,保罗拿出这本还没有正式发行的著作对我说:"我们有相似的理念和兴趣,希望你能喜欢我刚刚完成的这本书。"当晚,我没有安排任何其他的事情,快速地浏览了这本书,然后兴奋地找到他说:"我希望你能同意授权,把这本书翻译成中文。"当然，他立刻同意了，并答应回美国后就联系自己的出版代理。一周后，我就得到了出版代理人的同意答复！

　　作为在婚姻家庭治疗领域学习、实践、培训和督导多年的我，在极短的时间里就决定将这本书介绍给中国的读者，是有原因的。首先，改革开放四十年来，中国经济高速发展，社会形态急剧变迁，家庭结构和生活方式发生了天翻地覆的改变。与以前相比，人们在婚姻和家庭中面临着前所未有的困境和挑战，寻求婚姻家庭咨询的人越来越多。其次，自1988年开办中德心理治疗讲习班后，30年内中国开展了诸多高水平的心理咨询师培训项目。其中家庭治疗相关的培训比例非常小，而关于伴侣治疗的内容更是少之又少。在业界，能够专门开展伴侣治疗的专业人员寥寥无几。最后，因为社会家庭需求旺盛，而专业人才供给短缺，市场上甚至出现了很多所谓的"情感导师""小三劝退师"等婚姻家庭关系相关心理服务项目。由于缺少行业规范和监管、缺少严格的专业培训和督导，很多家庭和婚姻中的矛盾和痛苦不仅没有缓解，反而更深地陷入了更大的危机中。

　　保罗·佩鲁索博士在婚姻家庭治疗的教学和实践领域工作多年，不仅发表了大量婚姻家庭相关研究论文，出版了十几本学术著作，还与几千对伴侣面对面工作过，积累了丰富的伴侣治疗经验。他的这本著作具有4个显著的特点：系统咨询的核心理念，科学严谨的实证态度，结构化工作的清晰框架，简洁生动的表述能力。这些特点，让渴望快速掌握伴侣咨询技能的咨询师可以更容易地理解基本咨询理念；大量实证研究数据的清晰呈现，让学习者对方法更有信心；结构化的工作框架，可以帮助新手咨询师更快熟悉咨询流程；幽默生动的文笔，让学术著作也读起来引人入胜。

我印象特别深的一个例子是，保罗自己发明了"监测关系"练习。通常在婚姻关系中，尤其是有不忠现象的婚姻中，"受害"一方通常会高度关注配偶负面的信息。而谙熟系统式咨询理念的作者所发明的"监测关系"练习，强调让伴侣更多关注并记录配偶说实话和信任自己的时刻。这个练习虽然简单，但是却可以在很短的时间里调整伴侣的认知焦点，以捕捉痕迹的手法，改善和促进二人的亲密关系。

另外，保罗在著作中非常善于运用比喻，我觉得他的治疗语言颇有米尔顿·埃里克森（Milton Erickson）博士的风采。这里，我举个例子，为了更形象地说明伴侣关系满意度的系统观，保罗用了两张图表——一张是2000—2010年道琼斯工业平均指数，另一张是1900—2010年道琼斯工业平均指数。当我们看到跨度为期十年的股票走势时，可能的心态是"完蛋了"。而看到跨度为一百多年的股票走势时，心态立刻会发生变化——总体趋势是上行的，正向的。

书中结构化的、操作性极强的干预范式，不仅可以让婚姻家庭咨询师轻松上手，处于危机中的伴侣也可以坐下来，稍微花一点时间，按照书中具体的指导，自我调整心态，合作改善关系。

这几个特点，是我非常推荐大家借用此书来学习和提升伴侣工作技能的重要原因。还有个好消息是，我已经邀请到保罗·佩鲁索博士和他的团队来北京，开展首期"中美夫妻治疗连续培训项目"的两次集训。我们还在策划合作，要在中国开展更多的婚姻家庭治疗培训。本次集训的内容和形式与中国学员的需求相结合，做了大量的前期准备和中期调整。学员们都反馈说，这样高品质的培训帮助自己开阔了视野，提升了理论水平，掌握了实用技术，提高了咨询实践能力，是学有所值的项目。本书及陆续要翻译的保罗·佩鲁索博士的其他专著，将成为该系列连续培训项目的指定配套教材。集中培训和自我阅读相结合的学习方式，将给学员带来最佳学习体验。

最后，要特别感谢程章女士及时、出色的翻译工作。她的翻译在忠实于原文的基础上，语言流畅自然，文笔清新优美，表述简洁清晰，为阅读本书提供了轻松愉快的感受。

刘丹

中国社会心理学会婚姻与家庭心理学专业委员会副主任委员

德中心理治疗研究院中方副主席

2020年5月13日于北京双清苑

推荐序二

亲密关系的挑战与应对

随着社会的发展,在享受高度的物质文明和个人自由的同时,人们的亲密关系的稳定性和持久性在下降。"离开谁都可以活"的心理,使得人们彼此的依赖在减弱,传统婚姻家庭的功能也在减退。育儿、养老、经济、爱、性等婚姻家庭的功能大多都被社会化与婚外化,社会开放包容的态度,也使得婚姻和亲密关系的形式多元化、过程不稳定化和"快餐化"。因此,亲密关系中的忠诚与责任受到很大的挑战,不忠已经成为很大的社会问题。给婚姻、家庭及社会都带来了不稳定性和破坏性,值得人们深入地思考和应对。

保罗·佩鲁索博士是美国知名的婚姻家庭治疗的研究者、临床学家和培训师,他及他的团队对亲密关系中的"不忠"做了大量的研究及个案实践。在本书中,作者以系统的思维对不忠产生的原因及应对方式进行了深入的探讨。他强调"不忠不是关系的核心,而是症状,伴侣双方创造了让不忠发生的条件"。不忠仅仅是症状,是关系出了问题,是在伴侣双方互动中发生的,不忠与关系的满意度、权力失衡、梦想破灭、原生家庭等多种因素相关,因此治疗师在帮助伴侣应对不忠时要着重于提高关系满意度、分享平衡权力、合作、发展新的愿望梦想。

书中的观点结论基于大量的研究及实践，并总结了众多行之有效的方法和技术。虽然东西方在解释不忠的原因和应对上存在着很大的文化多样性和个体差异，但也有很多的共性特点。尤其是在全球化的今天，该书对于国内的同行们来讲，无论是实践还是研究，都具有很好的实用价值。

我结识保罗·佩鲁索博士是在由中国社会心理学会婚姻与家庭心理学专业委员会与北京大学临床心理中心举办的"中美夫妻治疗连续培训班"上，保罗·佩鲁索博士有关"不忠"的专题演讲及干预实践训练是最吸引学员眼球的，学员的提问讨论也最为激烈。我记得，当时学员开玩笑说这个现象要归因于内在动力。其实，更重要的是保罗·佩鲁索博士精彩的演讲内容和训练方法。

我愿意把该书推荐给同道们，希望并相信它对大家有帮助！

唐登华

北京大学第六医院临床心理中心主任

中国社会心理学会婚姻与家庭心理学专业委员会主任委员

2020 年 3 月 16 日

推荐序三

系统地理解不忠现象，系统地改善伴侣关系

伴侣间的不忠，是旁观者最热衷的八卦和当事人最隐秘的痛苦。

不忠对任何一段亲密关系都是沉重的打击，同时它们又如此普遍。在社会生活中，我们有时候对此发展出一种既轻松又严肃的态度——将不忠归为某一方的道德因素，发起审判，并敦促这段关系早日结束，作为某一方"罪有应得"的惩罚。

人们无法回避的现实是：仍然有相当数量的伴侣在遭遇不忠后，希望挽回这段关系。他们渴望获得一种方法，消化不忠带给彼此的痛苦，向前走，并催化出某种面对亲密关系的更成熟的态度。面对这种诉求，单方面的道德指责只能解气，却无法提供有效的帮助。

作为实践经验丰富的系统家庭治疗师，保罗·佩鲁索博士在本书中提供了系统治疗理念指导下的一套极富操作性的框架。这个工作范式解决了两个重要问题：第一，如何从系统的角度理解不忠（不只是某一方受指责）。第二，如何用系统的方式促进这段关系的"拨乱反正"，健康发展（而不只是一分了之）。这两个话题都是对日常观念的重大颠覆，同时，本书说理严谨，丝丝入扣，方法明确，可操作性极强。

本书既可以用来指导婚姻家庭心理咨询专业工作者的学习，也可

以帮助每一对伴侣学习用系统的角度，重新看待亲密关系与家庭，尝试改善关系，提升婚姻满意度。

李松蔚

北京大学心理学系临床心理学博士

中国心理学会注册心理师

2020年6月10日于望京

序

家庭系统治疗或系统式家庭治疗（及所有追随其的事物）是基于一个看似"疯狂的"想法而出现的——不，就是很疯狂。20世纪50年代，莫瑞·鲍恩（Murray Bowen）及其团队试图治疗一种临床状况——精神分裂症，而无论是弗洛伊德派的精神分析师还是斯金纳派的行为主义者，都不能使之发生任何变化。他认为这个疾病是在家庭的情绪过程（或"系统"）中形成和维持的，只有改变家庭系统才能消除精神分裂症的症状（幻觉、妄想等）。这就是所谓的疯狂的想法，它引发了一场运动，改革了治疗儿童、伴侣甚至个体（更别提家庭）的方式。

格雷戈里·贝特森（Gregory Bateson）于一般系统理论方面的著作指导了鲍恩（及随后的从业者）。反馈和稳态等想法让从业者得以摆脱严格的线性"因果"思维，将循环因果的概念带入心理咨询和治疗的实践中，认为系统的每个成员都会影响其他成员，反之亦然。探索系统内的沟通、阻断有问题的互动以及创造合作性的解决方法，替代了以往寻找家庭问题"替罪羊"的做法。这些先驱采用的方法同样具有颠覆性，有的简直是用尽一切方法来打断家庭功能不良的过程并试图带来变化。从萨尔瓦多·米纽庆（Salvador Minuchin）观察厌食症的家庭一起进餐的情况，到卡尔·惠特克（Carl Whitaker）在伴侣争吵时假装睡着，到米兰小组在会谈间歇期给家庭打电话并将"仪式"作为作业布置给家庭，再到杰伊·海利（Jay Haley）给来访者开出"苦难"处方，或维琴尼亚·萨提亚（Virginia Satir）指挥家庭成员移动身体来更清晰地沟通或体验视角的变化，这些尝试都是在彻底地应用系统理论，以帮助处于痛苦中的家庭。这些临床工作者是创新的、勇敢的，有时甚至是反直觉的。尽管在今天的我们看来，他们的有些实践可能很稀奇古怪，甚至有些违背伦理。但其背后的原理均是在试图打破不健康的家庭系统运作，代之以更健康的系统运作。他们希望每个人都共同改变，而不仅只是改变某个个体。他们认为这需要大胆应用当今所有伴侣和家庭治疗背后的系统理论原理。

然而，当今许多伴侣和家庭治疗师并没有完全理解或接受赋予家庭治疗力量的系统式方法。可能有以下原因：首先，认知行为方法的兴起，强调个体思维凌驾于系统式沟通之上；其次，与此相关的循证运动的兴起，使研究系统式改变较个体改变（认知行为治疗做得很好）更困难；最后，"管理式医疗"的兴起，改变了保险公司支付从业者费用的方式，只报销个体会谈（基本取消了家庭治疗会谈的报销）。过去的25年中，这些运动彻底地改变了伴侣和家庭治疗师的培训和实践方式，使得家庭治疗方法失去了最初的系统焦点（及其力量）。同时，许多私人从业者和机构服务提供者发现他们经常面临家庭治疗、伴侣治疗或对养育及相关问题的某类治疗需求，而他们通常只能"即兴发挥"，努力把个体治疗模型运用到家庭系统工作中——这最终总是给临床工作者带来挫败，导致失败的结局。

本书面向想要了解家庭系统方法的历史影响和创新内容及其在当前问题情境中的应用的从业者和学生。本书将尽可能反映家庭系统方法的开创性元素及其在特定问题和人群中的应用。过去的某些方法也许不再适用今天的标准，作者针对重要问题，从各方面（利和弊）进行介绍，希望形成一个符合系统式变化初衷的、辩证的解决方法。

保罗·佩鲁索（Paul R. Peluso）
美国佛罗里达州博卡拉顿市
2018年1月

致　谢

我要感谢 Routledge 出版社的所有人，尤其是 George Zimmar 先生，他帮助我创作本书，也对这一新系列书籍充满信心。我还要感谢 Elizabeth Graber 女士，感谢她在创作早期对我的鼓励。她优雅、公平、温和、思虑周全、诚实待人，对此我感激不尽。此外，我要感谢我的家庭，尤其是我的妻子 Jenny 和我的女儿 Helen 和 Lucy。我花了很多时间专注于完成本书，而他们给予了我时间和空间，谢谢！我也很感激佛罗里达州亚特兰大大学治疗教育系的同事们，感恩佛罗里达亚特兰大大学联盟实验室的同学，他们在许多工作中给了我鼓励，与我合作。最后，我要对我的导师们表达感谢，他们给予了我智慧和指导，他们是 Roy Kern，Gus Napier，Jon Carlson，Jeffrey Kottler，Paul Ekman，John Gottman 和 Julie Gottman。也感恩多年来与我合作过的无数伴侣及家庭，他们帮我形成了自己的思维和方法。这些无名个体是本书中临床案例的灵感来源。

目　录

第1章　介绍和概述 ··· 1

第2章　家庭系统的历史回顾和前沿发展 ··· 15

第3章　对关系不满意：爱的"股市" ·· 43

第4章　权力失衡：关系中爱的跷跷板 ·· 67

第5章　梦想成空，幻想破灭，愿望落空及不忠之门的开启 ··················· 89

第6章　引爆炸弹：不忠暴露及伴侣的视角 ··· 111

第7章　探索未实现的梦想、幻想和愿望，建立共同的新梦想、
　　　　幻想和愿望 ·· 139

第8章　重新平衡跷跷板：分享权力和共同合作 ···································· 165

第9章　提升满意度，学习应对关系的起伏 ··· 191

第10章　确认和保证 ·· 219

第11章　总结 ··· 237

参考文献 ··· 247

第 1 章

介绍和概述

思考如下案例：

一对结婚快10年的伴侣决定离婚，因为丈夫发现妻子多次对他不忠（包括婚礼前夜）。

一位前总统候选人承认，在妻子与晚期癌症搏斗时，他与另一个女人发生了性关系，还有了一个孩子。

一对结婚20多年的伴侣向亲朋好友宣布，他们正在办理离婚手续——妻子发现丈夫对她不忠了。

一位因任联邦检察官时有反腐败履历而当选的州长被爆出召妓丑闻，据报道，他与多名应召女郎存在不正当关系。

一位女性在社交网站上与15年未见的前任恢复了联系，并承认在自己12年的婚姻中一直爱着对方。她与前任建立了婚外关系，并离开了她的丈夫。

一位倡导"传统家庭观"的州长失联了。最开始，大家得到的消息是他"独自前往阿帕拉契小径徒步旅行"。但后来他坦白自己去阿根廷找其他人了，并认为对方是自己的

"灵魂伴侣",尽管此时他和妻子已经结婚20年了。

在发现丈夫与同事不忠后,一对有着一个2岁孩子的伴侣分开了。丈夫说,为人父母的压力和妻子的变化让他觉得妻子没那么有吸引力了。

这些事为什么会发生呢?我们如何理解一对在旁人看来非常幸福的伴侣会冒着被羞辱和嘲笑的风险走到这一步?不忠——欺骗、"情感不忠""网络不忠"——对关系来说是毁灭性的。它对关系的影响就如同把酸或液态氯洒到布料上——关系被腐蚀了。它毁掉了伴侣间的信任,让他们感到迷失、不堪一击。

伴侣有这种感受的一个原因是,不忠发生后他们再也回不到从前了。过往的生活(突然)结束了,与之相关的梦碎了。人们常常冥思苦想,这一切到底是怎么发生的?为什么关系会走到这一步?

另一个原因是,受伤的一方不知道自己是否还能再信任他人。他们不再能信任伴侣——这是他们曾经能或以为能信任的人。似乎任何事物都不再可靠了,因此,他们往往也觉得无法信任周围的世界。他们还会为未能察觉伴侣已经离开自己、投入了他人怀抱而自责——连自己都不能信任了。

不忠发生后,双方的关系不知该如何继续,甚至不知道是否能继续。对受伤的一方来说,在得知所爱之人做了自己能想到的、最具有伤害性的事情后,还要考虑两人的将来,这可能是难以承受或极端恐怖的——不管是要分开还是继续在一起。

对本书的需求

不忠治疗的隐秘之处

很多伴侣会去做伴侣治疗（有时不情不愿）。不幸的是，有效果的可能性不大。很多伴侣治疗师并没有接受过专门以不忠为主题的培训，在处理不忠的过程中，治疗师也容易感到不太自在。然而，不忠是伴侣前来治疗的最常见的原因，在这一现实的背景下，上述现状更加令人惊讶。这好比是找一位连普通感冒都不会治的医生看病，简直荒唐（Labrecque & Whisman，2018；Softas-Nall，Beadle，Newell，& Helm，2008；Whisman，Dixon，& Johnson，1997）。

这是为什么呢？首先，伴侣治疗师没有接受过专门理解或处理不忠的培训。尽管有相关报道，有包罗万象的书籍，却很少有专业伴侣治疗师真正知道要如何处理不忠。大部分伴侣治疗师从未得到任何相关培训，他们不得不"摸着石头过河"（通常以其治疗的伴侣为代价）。其次，很多治疗师没能恰当地利用伴侣的情绪反应。如果治疗师能恰当地利用个案发现不忠时释放出的原始情绪能量，就可以真正推进关系中的改变。不幸的是，很多伴侣治疗师认为这一情绪对关系是有破坏性和伤害性的，会尝试淡化它。矛盾之处在于，如果没有合理的引导，它真的会破坏关系。而如果浪费了这一能量，大多数关系会僵在原地（并把导致不忠的潜在问题掩盖起来）或在怀疑和不信任的重压下瓦解和破裂。

换句话说，遭遇不忠的伴侣感到自己迷失了，伴侣治疗师也有同感,最终伴侣会失去所有希望以及治愈的机会。

转机

本书关注处理不忠这一主题。对伴侣及临床工作者来说,在过去的十年中,这一主题日益突出,影响不断增加。从层出不穷的热点案例到明目张胆地帮助已婚人士发展不忠关系的网站(及其他),我们可以看出,不忠是伴侣间的首要问题,也是临床工作者最不善于处理的问题。研究者发现,如果治疗师能从系统的角度帮助来访者理解不忠的成因,准备预先计划的治疗方法,且能很好地将之传达给来访者,会带来更好的预后。本书采用家庭系统的方法介绍三步模型,为来访者提供了解释模型和治疗模型。我们将在随后的章节中加以详细介绍,但首先,我们需要定义问题的范畴和所用的术语。

不忠发生率的统计数据

不忠的具体情况如何?我们了解它的发生率吗?目前,有关伴侣双方出现不忠行为的统计数据呈现出很大差异。一些报告显示,25%~50%的个体报告存在婚外情(Starratt,Weekes-Shackelford,& Shackelford,2017;Weiser & Weigel,2015)。在恋爱人群中,70%的女性及75%的男性存在不忠行为(Shackelford & Buss,1997)。同性恋和双性恋群体的数据差异也很大。而有些所谓的"权威"数据也存在问题:首先,这些研究通常基于非常有限的方便取样(网络调查、治疗中的个体调查等);其次,很多样本并非来自在一般人群中的随机抽样;

最后，如果研究未采用匿名的方式，个体可能不愿意如实作答。因此，结果的可推广性很有限（Labrecque & Whitman，2017）。

大型的全国调查能提供最准确的信息。芝加哥大学开展的综合社会调查是一项多轮社会调查，他们从1972年开始，每两年在全美范围进行家庭抽样。每轮的参与者都是新的，代表普通成年人群（18岁及以上）的横断面数据，涵盖了一般健康问题到关系问题。Labrecque和Whisman（2017）查阅了从2000年到2016年的9轮调查结果——一共超过13000份问卷——研究了在16年中人们对婚外性行为的回答是否发生了变化。总体来说，每年有3%已婚个体报告发生过婚外性行为。伴侣间不忠行为的终生发生率为男性22%～25%，女性11%～15%。Tafoya和Spitzberg（2007）对50项研究进行荟萃分析，发现24%的女性及34%的男性有过婚外性行为。

一个非常有意思的趋势是，老年人不忠行为的发生率在增加。Williamson和Brimhall（2017）回顾了从1991年到2006年的综合社会调查（共15年的数据），发现在2008年发表的调查结果报告中，60岁以上人群不忠行为的终生发生率为28%。女性人群的升高更明显，从1991年的5%升高到2006年的15%。他们表示：

> 最近的统计数字显示，50岁及以上人群的离婚率翻倍。2010年的调查显示，50岁以上的配偶的离婚率为25%。尽管存在很多可能的解释，但许多学者猜测，不忠行为的增加可能是原因之一。
>
> （Williamson & Brimhall，2017，p.233）

另外，他们提出，这些结果有4个可能的原因，包括伴侣间价值观和兴趣的变化、对疾病和其他躯体变化的适应、退休后失去认同，以及社会隔离和孤独。考虑到寿命的延长可能给关系带来了更多的压力（Peluso，Watts，& Parsons，2013），这些结果和解释有重大意义。

根据2013年的民意调查，绝大多数个体（91%）表示不忠行为是不道德的，说明不忠的个体面临沉重的社会压力。然而，综合社会调查显示，报告认为婚外性行为"通常是不正确的"的成人比例，从2000年的79.4%显著下降到2016年的75.8%（Labrecque & Whitman，2017）。同时，报告婚外性行为"仅在有些时候是不正确的"的应答者比例，自2000年的7.1%升高到2016年的8.7%，而认为"通常是没错的"和"没错"的比例保持不变（分别为11.8%和1.9%）。

因此，不忠行为的发生率和对不忠行为的观念发生了微妙的变化。我们有理由相信，不忠行为的终生发生率和年发生率依旧保持相对稳定。大众对不忠行为的感知也有变化：人们通常认为不忠是错误的，但这种观点的绝对性似乎动摇了。最后，老年人群（60岁以上）不忠行为发生率似乎升高了，这肯定也有人性的原因。

不忠的定义

对不忠的定义有清晰共识的部分，也有分歧的部分。据Moller和Vossler（2015）所述，不忠定义的不一致是文献中不忠率差异巨大（低至1%，高至86%）的最大原因。他们提出，研究者使用的定义通常分为以下三类：①发生性行为；②二人之外的性活动；③情感背叛。每类详细讨论如下。

发生性行为

一方面，这可能是不忠的定义中最具有自明性的，说它是不忠的核心也不为过。如果个体在关系外和另一个人发生性行为，即是不忠。但同时，有一些人可能会不同意这个定义。持开放性关系的伴侣只要遵守双方预先的约定，可能并不将关系外性行为视为不忠（Rasmussen & Kilgore，2007）。在有些同性伴侣（尤其是男性同性伴侣）中，通过协商规则以保障安全的开放性行为也很常见（Shernoff，2007）。简单来说，有些伴侣认为彼此忠诚和与他人发生性活动是相容的。实际上，社会背景和文化因素也起了作用。Moller 和 Vossler 说："性行为也许无助于理解不忠实际上对人们意味着什么（2015，p.488）。"因此，把不忠严格定义为与他人发生性行为可能太过狭隘。

二人之外的性活动

如果前述不忠的定义过窄，将之拓宽到包含其他性活动（不包括插入性性行为）就产生了可能的连续谱。二人之外的性活动包括"在他人面前手淫、口交、进行性游戏、接吻、调情、参加脱衣舞会、看黄色内容、对配偶以外的人产生性幻想"（Moller & Vossler，2015，p. 488）。另外，互联网活动如网络性交、色情短信、网上调情和浏览网上色情内容带来了一类全新的问题。有些人认为，这些活动不包括实质性性行为，因此与保持忠诚不冲突。另一些人却认为，其中一些或所有的这些活动——只要是发生于原本关系外的——是对关系的侵犯。如果伴侣双方观点相悖，关系就会出现问题。当一方发现另一方进行了他们认为的、违背忠诚关系的活动，还觉得"这没什么大不了"时，共识的缺乏就会带来巨大的冲突。有时,被抓到在进行关系外性活动的人希望是真的"没什么大不了",这样他们就不用承认自己做了错事;有时是"抓人"的一方想相信这一点,这样他们就不用去应对被"欺骗"的事实。最大的问题是,伴侣并没有明确或提前讨论这些观点。通常,性和性行为的问题会被掩盖起来,秘而不宣。因此,一方可能会秘密地进行这些活动(不管是去脱衣舞会还是看网上色情内容),而另一方并不知情。由此产生了第三个定义。

情感背叛

"情感背叛"是一个宽泛的术语,用来描述存在与关系外他人的重要情感联结,但(还)没演变为性关系(也许永远不会演变为性关系)。根据 Moller 和 Vossler(2015)所述:

> 情感背叛体现为多种十分模糊的方式,包括"深刻的情感依恋"和"爱上他人";感到"深深地联结";对伴侣以外的他人有爱恋的情感、时间和注意的投入;分享亲密细节;倾诉对伴侣的抱怨。

共同的要素是关系的秘密性或情感联结深度的秘密性。通常伴侣是知道这段关系的,可能还认识这个人,但可能不知道他们之间联结的意义。伴侣如果发现了这种联结的意义,很可能会产生被背叛的感觉。这一定义的不足之处是它可能太宽泛了,任何有秘密性质的活动和关系都可能构成背叛。另一个顾虑是,这一术语及其含义可能被过度"稀释",失去其重要性。而很多研究者和从业者乐于将不忠定义为违背伴侣规范、破坏伴侣合约及违反双方关于关系排他性共识的行为（Hertlein，Wetchler，& Pierch，2005）。

我的观点

我的经验是，这是个"旋转木马"一样的问题——你转了一圈又一圈，但得不到关于"什么是以及什么不是不忠"的完美答案。我更愿意把它想象成一个肿瘤（抱歉，我知道这是个唐突的比喻），有些肿瘤是良性的——细胞生长异常，但不会扩散或致命；有些肿瘤是恶性的——可能扩散到身体其他部位且会致命。多数恶性肿瘤开始是良性的，但未被发现，后来才开始扩散。重点是，两种类型——良性和恶性——都需要引起关注：防止良性的恶化，防止恶性的致命。大家都承认肿瘤是严重的疾病（不管哪种类型），那么不忠——无论哪种类型，性或非性——都是对关系的严重威胁。

对伴侣治疗师来说，有两件事要小心。第一是不要被伴侣卷入三角关系中。卷入关于什么"是"或"不是"不忠的争论，这是会破坏治疗的"双输"临床情境之一。最好的策略（除非你有关于此的坚定立场）是让双方就此相互博弈，让他们自己决定该如何定义不忠，这可能是伴侣整体功能的绝佳诊断工具（比如：他们能公平争吵吗？他们有避免冲突，表面上一团和气，却把问题掩盖起来吗？等等）。第二个"陷阱"是伴侣指望治疗师当裁判，裁决什么行为在"界内"，什么在"界外"。这产生的问题（与第一个问题类似）是，治疗师会与伴侣中的一方结盟，不再是一个"中立的代理人"。得到"支持"的一方可能感觉自己是正当的，但另一方就会感觉治疗师不支持自己或治疗师是不可靠的，这意味着治疗不会有结果。发生这种情况时，治疗成功的概率几乎为零。

因此，答案是什么呢？关键是把伴侣看成一个系统！这是本书的主题，将在第2章（及其后）进行更详细的介绍。

常见问题与关于不忠的误区和事实

在我们开始之前，有4个关于不忠的常见问题或误区有待澄清。

所有的不忠都一样（糟）吗？

现实中一个常见的误区是，不忠意味着一段关系或婚姻会立刻或自动结束。虽然很多关系在不忠发生后解体了，但研究显示，多数经历过不忠的关系仍继续维持。现实情况是，在很多关系中伴侣对性是满意的，但因为多种原因仍会追求外部关系。有些类型的不忠由个人问题（性瘾）导致，与伴侣做了什么无关，这需要专门的个体治疗。另外，还有一个误区是"不忠的关系必定预示存在着糟糕的性"。最重要的是，伴侣关系是否由于这段经历（和有益的伴侣治疗）而发生改变，以及促使不忠发生的潜在问题是否得到了解决（详见第2章）。

谁应该因不忠被指责？不忠方、被不忠方还是"第三者"？

这实际上是个陷阱。事实上，对系统取向的治疗师来说，答案是"以上都是"。再次强调，从系统式视角来看，所有的人都有责任，但没人应该被指责，这是一个重要的原则。第2章会就此详述。

与"第三者"的关系必须结束吗？

答案很复杂，是也不是。与"第三者"的关系不一定非要结束，根据伴侣的目标（他们是否在努力改善关系？他们是否拒绝为关系而努力？或者他们是否在试图结束关系？），也许存在有力的理由需要继续与"第三者"的关系。也可能存在有力的理由，使得与"第三者"的关系无法结束（这个人是不忠方的同事，而不忠方又不可能辞职）。然而，如果与"第三者"的关系没有彻底改变，治疗能帮到伴侣关系的希望不大。对有些伴侣来说，彼此之间的关系可能无法修复了，而不忠方与"第三者"之间则存在很深的情感依恋。也可能有现实的理由要与"第三者"保持关系（如果存在再婚的情况或有孩子需要共同抚养）。再次强调，这取决于不忠暴露之后伴侣关系的目标。

不忠后，关系能恢复如初吗？

经常有人问我："在不忠发生后，婚姻真的还有救吗？"坦白说，这个问题不容易回答，这取决于伴侣双方及其疗愈婚姻的意愿。不过，婚姻有可能在经历不忠后变得更坚固——骨折是最好的比喻。这是个痛苦的创伤，让人失去部分功能，疗愈的过程也没那么简单。想想骨折以后要做什么：首先，要修正伤处——从错位的位置挪到合适的位置。这个过程会带来剧痛，但却是疗愈的开始；然后，需要把骨折处的肢体放在一个模具里固定住，这意味着你要做一些平时不会做的事情（可能要把伤处用塑料膜包起来才能洗澡；可能需要别人帮忙穿衣服等）。有些平时会做的事情不能做了（不能运动或从事重体力活动，活动受限等）。不过，如果可以恰当地复位骨头让其愈合，通常来说，发生过骨折的部位会比之前更坚固。我认为不忠发生时，关系也正是如此。

结论

本书试图讨论不忠这一主题和伴侣治疗师对此的治疗。特别之处在于，本书从系统理论的视角来看待不忠，利用临床实践中的案例研究（尽管为了保密，隐去、修改或混合了关键信息）来阐明多个概念。另外，本书还包含两个元素：公众人物或历史人物的案例和流行电影中的情节。请看下面这部电影案例。

电影《月球漫步》（A Walk on the Moon）

1999年的电影《月球漫步》讲述了一位中年家庭主妇珀尔的故事。珀尔有两个孩子（一个青春期的女儿，一个在上中学的儿子），丈夫马蒂是一名电视修理工。丈夫很爱珀尔，但工作很忙。他们住在纽约城里，夏天则会去纽约州北部的夏季营地避暑（伍德斯托克音乐节所在地附近）。平时，马蒂必须外出工作，因此常留珀尔和孩子及母亲在一起。珀尔17岁时就怀孕了，不得不立刻和马蒂结婚，她总觉得自己过早担上妻子和母亲的责任，错过了青春年华。

一位名叫沃克尔的女装销售员来到镇上，珀尔开始和他交往。一开始，沃克尔与珀尔搭讪，建议她不要一直穿家居服。这让她开始思考，如果没有结婚，自己的生活本可以是什么样子。当时，月球登陆创造了巨大的商机，马蒂天天待在城里工作，而珀尔与沃克尔则趁机发生了性关系。没过多久，珀尔决定结束这段关系，但沃克尔仍不愿放手。此时盛大的伍德斯托克音乐节开幕了，马蒂没法按时到达夏季营地，于是珀尔和沃克尔一起参加了音乐节，他们的关系也随之继续。

> 沃克尔邀请珀尔搬到加利福尼亚和他一起住,而她体验到了"自由(使用毒品及与沃克尔的婚外情)",开始想象离开家庭后的生活。世上没有不透风的墙,在马蒂发现珀尔的不忠后,她不能再继续维持婚外情了,必须在相夫教子的家庭生活和追随激情的梦想之间做出选择。最终,当沃克尔看到珀尔和家人孩子在一起的画面时,他们彼此都明白了,她是不可能跟他离开的。

这个电影抓住了一个常见的不忠的主题:幻想和自由的力量。不忠对人们有强大的吸引力,因为它提供了一次机会,让人们觉得可以从囚禁了他们的东西(即家庭生活和原本的关系)中挣脱出来。然而,就像珀尔的例子那样,许多人并不愿意支付"自由"的代价。电影的结尾暗示,马蒂和珀尔的关系可能更好了,因为她找到了方法,把自己的渴望和激情整合到与马蒂的关系中。这可能有点理想化(毕竟这是一部电影),但也可能是不忠给伴侣带来的转化。

最后,本书遵循三步模型解释和理解伴侣间的不忠。解释模型可以指导治疗,并帮助临床工作者通过必要的步骤重建伴侣间的信任。下章会介绍一般系统理论、不忠的系统式理解和三步模型。

第 2 章

家庭系统的历史回顾和前沿发展

当查克告诉珍妮特,过去3年他一直对她不忠时,珍妮特感到难以置信。她的第一个想法是:"哦,天呐,我成了我母亲的样子。"她回想起母亲抓住父亲不忠时的情形。珍妮特曾经发过誓,她绝不会嫁给一个骗子。她想知道是不是自己做错了什么导致这件事发生,这是命中注定的吗?

系统是由规则统治的,无论是机械系统(比如空调)、自然系统(比如水循环)还是人际系统(比如一间教室)。所有的系统都有其规则,以支配系统中元素的运行。伴侣处在系统中,因此不忠也发生在系统内。问题是,不忠代表破坏了系统规则,还是遵循了系统规则?这是个非常重要的问题,伴侣治疗师需要帮助伴侣找到答案。临床工作者必须能用系统理论来理解关系,才能做到这一点。

本章详述了伴侣治疗师需要理解的系统理论的基本概念,另外还会介绍一些与理解和治疗不忠相关的系统理论原则,以及系统理论取向的不忠分类学。最后,将为伴侣治疗师介绍基于系统的三步模型。

系统理论的基本概念

边界

根据 Keim 和 Lappin（2002）所述，边界被定义为"家庭不同子系统间，以及这些子系统和社会系统间情感联结、依赖、支持和影响的程度"。边界是关系中的分界线，可能是伴侣双方明确同意或默认的。健康的关系中边界是明确的，并可以帮助伴侣有效地行使功能。可以将边界想象成从纠缠（极度亲密）到僵化（极度分离）的连续谱。其中纠缠的关系状态的特征是，个体的情感稳定性极度依赖伴侣，以至于将独立和自主看作对关系的威胁。伴侣会主动抵制改变，关系可能变得令人窒息或存在许多限制。边界还定义了关系中什么被允许及什么不被允许。通常，当一方打破或忽视边界时，关系就会出现问题。在不忠的情况下，关系外的性行动通常就是明显的越界或犯规。理解关系中的边界、起源及如何修复，对治疗不忠至关重要。

等级

等级这一术语意味着系统包含了不同水平。可以将等级理解为系统内边界的排列。例如，等级是较平等或民主的？或是较垂直的（如指挥体系）？等级可以影响信息流动的方式（"自由分享"或"严密控制"），或决策方式（一人"拍板"或寻求共识）。而等级如果失衡，关系也可能是压迫和独裁的。健康的伴侣关系需要有平衡的等级（Keim & Lappin, 2002；Peluso & Sperry, 2018；Roberto-Forman, 2002），僵化和"垂直"（一人"处于上风"或唯我独尊）的等级在不忠的发生中起关键作用。

稳态

稳态指系统保持不变的趋势。系统需要秩序来行使功能，稳态点是任何系统行使功能的最佳点，即使是极度混乱的系统也存在平衡（虽然在外部看来不是如此）。系统通过抵抗变化来维持现状（或稳态），关系内的张力或焦虑水平升高，导致关系失衡和对变化的高度阻抗。即使变化是好的或必要的，只要系统没有准备好，就会抵抗变化（一个新稳态点）（Roberto-Forman，2002；Sperry & Peluso，2018）。伴侣双方使用多种机制——包括正性的和负性的——来保持平衡和稳定。另外，某方伴侣可能会使用极端的行为把关系带回平衡，比如如果对方是工作狂或不与自己共度时光，就以不忠来加以"修正"。不忠也可能是通过改变关系的性质来创造新稳态点的一种极端方式，到这一步，关系就永远回不去了。

三角（结盟）

面对冲突时，伴侣没有办法采用少数服从多数的原则，这常会陷关系于僵局。经常陷入冲突的伴侣，因为徘徊于"靠近对方"和"保持距离"的期望之间，常常处于不稳定的状态。当把第三方带入冲突以支持自己时，三角化就缓解了张力并打破了僵局。这是从系统的视角理解不忠的一个主要方面。由于第三方的出现，伴侣中的一方可能感到被支持或维护，另一方感到被抛弃或被不公正地联合对抗。另外，（在不忠的情况下）结盟或三角化使潜在的动力得不到解决（见随后的"不忠分类学"）。三角化必然导致憎恨和彼此的疏离，尤其是在有问题需要解决的时候（Keim & Lappin，2002；Sperry & Peluso，2018）。

沟通

在系统理论中，沟通这一概念涵盖所有行为，言语沟通和非言语沟通同等重要。沟通模式为系统是相对开放还是封闭的提供了线索，并塑造了家庭成员的行为和功能。沟通是保持系统内平衡的反馈环，正面沟通带来成长和发展，保持系统的连贯性；负面沟通是一个反馈过程，通过重建之前的平衡状态来纠正系统偏差（Sperry & Peluso，2018）。伴侣一方为了挽回对方，将不忠"付诸行动"，就常常是这个过程在起作用。

"双重束缚"是一种特殊的沟通模式，常会带来（并维持）问题行为，一方无法以积极的方式来回应（如"你做了也该死，没做也该死"）。双重束缚包含双重信息（如"按我说的做，即使发现我言不由衷，也不准质疑"）和一些隐含的威胁（"否则我就会离开你／收回对你的爱和感情……"）。举一个双重束缚的例子，伴侣一方说："去吧，跟你妈过周末去吧。你花销大，我们欠了很多债，所以我得留在这里工作。我只希望自己不会觉得太孤独……"这里就有双重信息（你和父母过周末／我留下来一直工作）和威胁（如果你走了，我可能会找别人）。伴侣只要回应就必然有"损失"（如果去找母亲，就成了坏人；如果留下来，就无法与家人待在一起）。换句话说，在这种情况下没有赢家。

系统理论学家还看重一种叫作元沟通的沟通过程，即关于沟通的沟通。这个术语通常指隐性的非言语信息（语调、停顿、身体语言）给显性的言语信息赋予了额外的意义。伴侣治疗中，元沟通水平是一种理解每个人传递的模糊信息和表达的潜在系统动力的方法（Sperry & Peluso，2018）。通常，这种水平的沟通更能揭示关系的实际情况，揭示关系中是否存在不忠。

循环因果

这是系统理论中的一个概念，指任何问题都是双方参与的结果。伴侣一方会影响另一方，反之如是。吉姆的不忠是因为简唠叨他吗，还是吉姆先不忠了所以简才唠叨他？答案当然是二者皆是。因为双方都有（至少有部分）责任，所以常会引起阻抗，尤其是当关系的稳态点是"伴侣一方是关系中的受害者，而另一方是加害者"时。对于临床工作者来说，循环因果的概念意味着治疗师不必去寻找"原因"本身，而可以从任何一个点入手来干预，从而获得成功。伴侣一方的任何改变都会影响另一方（Sperry & Peluso, 2018）。另外，治疗师也不必认同无效地寻求责备和报复的受害者/加害者模式（这通常是伴侣治疗获得真正进展的阻碍）。

非加和性

非加和性指总体大于各部分总和。任何关系都不是单个伴侣特征或品质的简单产物，而是二人关系所创造的系统。系统的特征和互动模式与系统中的个体是两回事，并且是不同的（Sperry & Peluso, 2018）。例如，伴侣双方可能都非常擅于在工作中领导他人，但在关系中可能都无法影响到对方。因此，他们在关系中总是无法做出决策或达成共识。把各部分相加并不能得到全局，只有把整幅画作为整体来看才行。就像行驶中的汽车和一堆拆散的汽车配件，二者都是汽车，但却有不同的性能。伴侣系统也是一样，需要看到不同的部分并理解它们，还要看到它们合在一起创造的模式。临床工作者需要找到围绕着伴侣而生的更大的模式，以及形成伴侣关系的个体特征和行为。

一级和二级改变

据 Watzlawick，Weakland 和 Fisch（1974）所述，改变可以发生在一级或二级水平。一级改变是系统潜在结构和组织保持不变情况下的改变。这种改变从性质上来说比较表浅，仅发生在行为水平，如减轻了一个症状或解决了表面问题，但系统中的边界或关系没有任何改变。比如，双方就做饭和洗衣服等家务达成共识；或是改变了一个行为，如吸烟。如果关系相对健康和稳定，可能简单的干预或共识就足以带来有意义的改变。然而，如果关系有潜在的、更深层的问题（就像许多不忠的情况），一级改变可能只是暂时中止了破坏性行为，但不会实质上改变关系（通常在不久之后，问题行为会再出现）。

二级改变指以非常实质的、根本的方式改变系统组织的变化。二级改变是伴侣与他人互动、与自身和对方关联的方式及关系本身的改变。伴侣一方或双方的态度可能发生变化，这通常会带来新的行为，重置关系动力。产生和维持问题（因为它维持了平衡）的系统动力不再有力量或能力来持续产生问题了。例如，如果酗酒是关系中冲突的源头（给伴侣双方带来痛苦和仇视），那么仅仅戒酒（没有放弃彼此怨恨）就是一级改变。但如果双方都能意识到酗酒掩盖了孤独和疏离感，从而聚焦于创造彼此间有意义的联结，酗酒的需要很可能就自动消失了。系统中存在其他比使用酒精更有吸引力和益处的事物，这就是二级改变，需要伴侣双方的精诚合作。虽然要视情况而定，但通常我们都认为二级改变优于一级改变，因为它改变了系统内部的结构和边界（Sperry & Peluso，2018）。

悖论干预

悖论干预是临床工作者采取的一种治疗方法，以产生系统式改变和二级改变为目的。悖论的一个简单的定义是，它包含某种说法及其对立面，所以从字面来说它不可能是真实的，但同时它又是真实的。故而这里存在不一致的逻辑，从而产生了新的意义。例如，在著名歌唱家 Carly Simon 的歌《你真自负》(*You're So Vain*) 的副歌部分唱道："你真自负，你大概认为这首歌说的就是你吧。"这就是一个悖论，因为如果某人不自负，他才不会认为这首歌跟自己有关，但正因为他自负，才认为这首歌跟自己有关（而且事情确实如此）。悖论往往（虽然并不总是）很幽默，举个例子，如果你在石头上刻"石头上什么也没刻"，我们就得到了一个悖论。一方面，如果刻的那句话是真的，石头上就什么也不能刻。但如果石头上刻了那句话，那句话就不可能是真的！两者不能共存，而它们又确实共存。在临床情境中，悖论干预可以帮助来访者改变看问题（和彼此）的方式。对他们的遭遇，这些干预通常会给出荒诞却真实的解释，也能帮助来访者为当前的状况找到一个不同的视角 (Mozdzierz Peluso，& Lisiecki，2014a，2014b)。

系统理论及不忠

不忠让人窒息。除了不忠、背叛及其带来的情绪后果，伴侣双方好像什么都不关心了。他们所有的谈话似乎都围绕着这些，别无其他（至少在开始的时候）。然而，系统式取向的治疗师除了关注不忠，还关注别的问题。事实上，关于不忠的原因和后果，有两个重要的系统式原则：

（1）不忠不是关系的核心问题，而是症状。
（2）伴侣双方共同创造了让不忠发生的条件。

对伴侣来说，这两个系统式原则都比较难接受。事实上，许多治疗师也感到难以理解。要理解这两个系统式原则，需要系统式的思维和态度。采用系统式方法的治疗师知道，他们将"逆风而行"，并受到伴侣阻抗——尤其是在处理不忠时。但如果伴侣治疗师能理解这两个原则，并且能够将之用于与不忠斗争的伴侣身上，治疗成功的概率则会大大增加。

系统式原则1：不忠不是关系的核心问题，而是症状

一开始，这可能令人难以理解。毕竟都已经出现不忠了，难道不已经是最糟的事情吗？如果认为伴侣关系是终身"一夫一妻制"的，那么是的，确实看起来不忠是最糟的事情。然而事实上，不忠表明关系中存在更严重的问题。不忠不仅意味着背叛、信任的侵蚀，还表明关系处于更危险的境地——危险在更深的地方，而不是表面而已。

因此，从系统的视角看，不忠的行为是更深层问题的外显症状，就像躯体症状——如疼痛、发热或咳嗽——提示存在病毒或潜在感染。就像内科医生治疗症状（用镇痛剂治疗疼痛和发热，用止咳剂治疗咳嗽），也治疗潜在的病因（用抗生素或抗病毒药）。外部治疗加上躯体的自然恢复过程，常常就足以解决问题。

有时，微小的干预无法治疗潜在的病因。例如，如果患者主诉胸腔

疼痛，潜在原因可能不是细菌感染，而是冠状动脉栓塞。持续的发热和咳嗽则可能提示着癌症。上述任何一例症状都可以得到有效的治疗，但如果没有治疗潜在病因，患者也许会丧生。对伴侣治疗来说也是一样的。

> 自从母亲去世后，彼得就变了——凡事退缩、闷闷不乐。珍妮特认为，虽然彼得和母亲关系亲密，但其长期的病痛让他们对她的去世都有所准备。可彼得在母亲去世后无法摆脱悲痛，一年过去了，他还没有"恢复常态"，珍妮特也受够了彼得一直这样。彼得总是待在墓地祭奠母亲，在家里对母亲说话——就好像她还在屋子里似的，这让珍妮特感到不舒服。她总是念叨着彼得过去是多么可靠，会确保她的车辆状况良好、修好家里损坏的物品，但现在他对此完全不在意。珍妮特也试过告诉彼得，她感到被抛弃、很孤单，但彼得仍会回到悲伤和空虚的状态中。珍妮特周围的人很快注意到了这一点，尤其是一位刚离婚的邻居——他开始在遛狗的时候和她搭话。珍妮特过去从没注意到邻居的笑容如此和善，长得也很帅……

很多时候，伴侣双方可能会遇到类似"感冒"或"普通感染"的情况。所需的治疗手段相对温和：学习沟通技能、分担家务、更有合作性的决策。这将协助伴侣在相对短的时间内"疗愈"，接着继续"走下去"。但不忠的原因往往是更深层的，并且真正的"疗愈"需要伴侣双方敞开心扉，秉持以彼此关系为本的态度换位思考并以维护关系为目标。

系统式原则2：伴侣双方共同创造了让不忠发生的条件

这可能是系统取向伴侣治疗师工作中最困难的部分。因为人们常常把痛苦归咎于他人，希望有人来承担责任并把痛苦带走。而实际上，如果将伴侣双方看作一个系统，从语言的传统意义去理解，就不应指责任何一个个体。换言之，伴侣双方创造了必要条件，让其中一方对另一方不忠。

有坚实系统理论基础的伴侣治疗师知道，不忠应"归咎"于伴侣系统的潜在动力。如果要治疗成功，需要争取让伴侣用这种方式来理解具体问题，回到系统理念，如稳态、非加和性和循环因果，看到是（由伴侣创造的）系统本身创造了让不忠发生的条件。这并不是说不忠方不用为其行动及后果负责，而是伴侣双方可能都对不忠的发生有所"贡献"。这是系统取向伴侣治疗师要向伴侣解释的部分，目的是让伴侣彻底理解这个原则。

彼得发现妻子的不忠后很是愤怒，他不明白珍妮特怎么能这样对自己，他感到窘迫、愤慨，同时也感到了一种丧失感。一年内，他先是失去了母亲，现在似乎又失去了妻子。珍妮特也感到迷茫，过去她总认为自己是个"好"人，但现在好像每个知情者都在评判她。一开始她接受了彼得的指责，但之后又觉得明明是彼得先抛弃了她。她能怎么办，难道彼得不知道以他之前的状态，他们的关系迟早会走到这一步吗？现在，只要彼得生气并羞辱她，她就会还击。他们常常因此陷入僵局……

在彼得和珍妮特的案例中,这个"指责游戏"有两个结局,并且都是不好的,都是"我赢了,但我们输了"。

(1) 一方因为不是"背叛者",占据"道德高地"。但这么做就使自己陷入了被害者的角色(并因此"输了")。
(2) 另一方声称有背叛的"权力",因为自己被对方抛弃了——这样就也陷入了被害者的角色(并因此也"输了")。

避免陷入"指责游戏",将关注点从自身或对方身上移开,转而关注伴侣关系本身。这使得每个人都被赋能来改变相处的模式,而不是陷于防御状态,是更好的"我们赢了"的方案。

下文将结合这两个原则在不忠中的应用,介绍不忠的分类学。它以系统的视角,根据伴侣关系的潜在动力来划分不同的不忠。

不忠的分类学

Emily Brown(2001,2007)提出了不忠的分类学。虽然布朗的不忠类型仅来源于她的经验,没有实验证据,但特别有价值的地方在于其没有对不忠"一视同仁",而是认为:

> 不忠的类型与伴侣间的互动模式和不忠背后的问题有关……治疗师通过识别不忠中的编码信息来制订治疗计划。

此分类学基于伴侣的行为模式和情绪动力。

Brown 提出的5种类型的不忠分别是回避冲突型不忠、回避亲密型不忠、性瘾型不忠、自我分裂型不忠、退出型不忠。最近，新增了第6种授权型不忠。每种类型描述如下。

回避冲突型不忠

回避冲突型不忠是指伴侣因为害怕冲突而无法直面彼此，不忠是在向对方嘶吼"我要让你关注我"。伴侣在"克制的友善"中生活，主动避免激怒对方。虽然双方都是"不公开冲突"条约的一员，但不忠方是更不满意的那一方。不忠暂时减少了双方与性有关的冲突，但从根本上来说，这只是更深层问题的一个表面症状（在这种情况下双方是没有能力挑起和解决冲突的）。不忠方似乎总能让自己的不忠被发现，而这种"发现"表明婚姻存在严重的问题，通常发生在伴侣关系的相对早期（虽然也可能发生得更晚）。

回避冲突型不忠常见于通过"维持和平"来取悦对方的伴侣。他们可能是完美主义者，并对"好"的关系应该是什么样的持有一种诗情画意（且不太现实）的看法。在"和平"与伪和谐的关系的掩盖下，可能存在抑郁的情况。

就不忠的形成和双方的原生家庭而言，Brown 认为"那些从小被教导愤怒是不好的，被要求'看事情的积极面'，或因为有不同意见而受惩罚的孩子，很可能会难以表达不满"（2001，p.33）。他们可能将冲突看成有害的或破坏性的，并因此而惧怕。因此，他们不知该如何提出或满足需求。他们通常很难讨论个人问题，甚至往往意识不到（或不承认）自己对生活有多不满。

就不忠本身而言，不忠几乎不对原本关系构成真实威胁，因为不忠背后的目的是唤醒对方以面对关系："威胁婚姻的不是不忠，而是对冲突的回避。只有误解或忽视了这个信息，不忠才会成为威胁"（Brown，2001，p.34）。如果伴侣很快就宽恕了不忠并避而不谈，那么情况就仍一成不变。这只会让回避冲突的潜在动力持续，并为不忠再次出现创造条件。以此类推，如果发现不忠后，伴侣双方没有充分理解这其中潜在的动力，那么他们的关系很快就会结束，相同的回避冲突的模式会在下一段关系中再次出现。

根据 Brown 所述，这也是最可能有好的治疗结果的不忠类型。治疗中伴侣关系的一些特征，包括不忠方表现出的极端懊悔、内疚和承担责任的态度，可能是有促进作用的，但也可能是避免对方愤怒的一种方式（以此回避冲突）。被不忠方可能满脑子都是伴侣不忠的细节（尤其是一开始），但也可能希望治疗师担下惩罚和 / 或修理伴侣的"脏活"。对治疗师来说，最重要的是将双方潜在的冲突和对冲突的回避置于治疗的前线和中心，并帮双方看到这种动力会如何导致不忠、影响关系。

回避亲密型不忠

亲密是这类不忠的核心问题。不忠保护人们远离伤害和失望，它在表达"我不想这么需要你（所以我要在别处满足某些需要）"。伴侣双方都害怕因放下屏障而变得脆弱（Brown，2001），因此，不像回避冲突的伴侣，回避亲密的伴侣可能（表面上）有更多的公开冲突，表现为频繁的争吵和分歧。这通常都是"烟雾弹"，让他们永远处于混乱中，从而不用靠近彼此（避免受伤）。不忠成了在别处寻找亲密（或伪亲密）的一种方式，但当东窗事发时，它也可以成为继续冲突的来源（从而保持回避亲密的循环）。

这类不忠常在关系的"蜜月期"结束后开始，此时关系往往已经持续了数年。伴侣意识到关系中很可能存在脆弱性，从而引发害怕（或者甚至是惊恐）——这是这类不忠的扳机点。伴侣通过不忠维持冲突，起到分散注意的作用。就原生家庭来说，他们通常成长于一团混乱的关系中（如酗酒或虐待的家庭），整个家庭以冲突及争论为常态——如此一来，就没有人表现出或感到任何亲密或脆弱的部分。由于总是害怕被拒绝，这类个体通常非常谨慎并对他人的动机和行为高度警觉，而吵架是他们仅存的情绪连接点。因此，对他们来说，回避冲突不是一个令人愉快的选择（因为这同样冒着被拒绝的风险）。

在治疗中，这类伴侣会呈现很多争吵和委屈。他们会屡次试图三角化治疗师，并把治疗师争取到自己那边。这些冲突常常是"小规模的"，可能引起合情合理的抱怨，但其目的并不是寻求解决或理解。冲突的领域可能包括亲戚、家务，甚至性能力。不忠成为与他人伪亲密并短暂幻想亲密（他或她"真的懂我"）的一种方式，不忠方以此来影响对方。对方可能也会不忠作为"报复"，以和不忠方达成公平。据 Brown 所述，回避亲密型不忠存在悖论的性质："他们追求浪漫幻想的行为为回避亲密提供了手段，这个悖论很好地说明了在对自身建立亲密关系有困难而不自知的情况下不忠的合理性（Brown, 2001）。"

对治疗师来说，治疗的关键是首先让伴侣关注到自身的亲密需要，并认识到吵架是在转移对真正亲密的关注。表达冲突（和不忠）背后的期望和需要，有助于让伴侣同意就关系进行工作（详见第7章）。如果伴侣能学习如何冒着受伤害的风险，向对方敞开自己，而不诉诸争吵和愤怒以掩盖孤独,那么关系的前景就是乐观的。如果他们做不到这点,那么就很可能陷入另一段高冲突的回避亲密的关系中。

性瘾型不忠

当伴侣一方多次与不同人有不忠关系,且有强迫特点时,我们通常可以推断这属于性瘾型不忠。据 Brown（2001）所述,"这些不忠常见于那些期望通过战斗和征服来得到爱,并以此处理情感需要的人。他们在儿童时期遭遇过情感剥夺、崩溃或虐待,因此再也没有'长大'"。他们通常位高权重（如政界、金融界）,获得了一些成功、名望或权力。与谁不忠不重要,他们在乎的是追逐（必然成功）的过程。此外,这类不忠常常是带有成瘾性质的冒险,破坏规则并逃脱惩罚的想法让他们痴迷。

性瘾型不忠的伴侣关系动力往往发生在一个无情又冷漠的人和一个隔离又软弱的人之间。因此,"抓现行"通常是这种关系中一个极富戏剧性的事件。有时这是"公开的秘密",人们会议论纷纷。这给伴侣带来了羞耻感,感受到关系外他人对不忠方（"这个人怎么能那么做呢?"）和被不忠方（"另一方怎么能允许这种事发生在自己身上呢?"）的评判。即便如此,伴侣双方往往仍不愿意正视眼前的情况。

性瘾型不忠的当事人可能来自这样的原生家庭,他们被认为是"特殊的"或是父母一方最钟爱的孩子。其原生家庭常常有成瘾的问题（物质、赌博、性）并回荡着"保密"规则。另一方面,性瘾当事人可能是自虐的受害者。无论何种情况,潜在的动力都是一种内在的空虚和痛苦感,个体亟待填补空虚以避免痛苦。因此,他们在一个又一个人身上寄托希望填补需要,却终究以失败告终。

另一方有些在儿时了解到其父母一方的不忠并帮助他们保守秘密。

他们的父母可能很脆弱，无法应对伴侣不忠的事实。作为孩子，他们可能学会了用保密来让自己变得更"强大"。但这些个体也可能有性虐待史或创伤史，这使得他们倾向于接受伴侣的这种行为——他们不相信在关系中自己值得更好的。

治疗此类问题通常需要非常专业的治疗师，首先聚焦于成瘾的部分，然后才是伴侣关系问题。如果有性瘾的那一方已经寻求了治疗，并采用了康复模型，那么针对伴侣双方的工作可以聚焦于依恋需要和授权需要——这两者通常伴随性瘾型不忠出现。否则，因为被不忠方继续回避这一事实，我们能得到的结果只会是不断不忠的伴侣关系。

分裂自我型不忠

分裂自我型不忠的意思是，个体要（或觉得要）长期否认或压抑自己的一部分自我，目的是维持"成功的家庭"表面上的体面和社会规范。这些个体通常专注于做"正确"的事，却牺牲了幸福和满足。"因为他们努力使家庭成为想象中应该的样子，所以个人的需要被抹去了。这通常意味着他们将家庭的资源，包括经济上的和情感上的，倾注在孩子身上"（Brown，2001）。对外界来说，他们常常是"完美家庭"，被看作社区的典范。

分裂自我型不忠中的伴侣有时会说，他们起初对婚姻存有疑虑，但没多想。他们也许觉得在那个时候（或和那个人）结婚是正确的，或是获得安全感的一种方式。关系中的双方"在早年学到应该做'正确'的事情，而不是关注自身的需要和感受。他们使用理性的自我来生存并获得成功"。这些个体屡次获得个人的、专业上的成功，但不是情感上的成功。

他们的原生家庭常常有些问题，于是试图在自身家庭中努力去纠正和完善这些问题。他们想要创造"完美"家庭，并把情感能量倾注在孩子身上。然而，当情况不够满意时，他们就会产生挫败、困惑或孤独感。据 Brown（2001）所述：

> 在分裂自我型不忠中，婚姻是空虚的，不像性瘾型只会让个人感到空虚。伴侣可能共用或不共用一个卧室，任何性关系都是例行公事，而且他们过着非常独立的生活。沟通限于实际事务，比如扔垃圾或社交需要。

在甲壳虫乐队的歌《她正要离家》（She's Leaving Home）中，描述了一个英国女人逃离了古板的、为之提供物质生活的工人阶级家庭（"我们牺牲了几乎全部的生活……我们做了什么错事吗？"）。歌曲结尾的答案是因为她没有"乐趣"（"乐趣是钱买不到的"），且揭示出那是"多年来一直被否定的、内在的某些东西。"这让人想到分裂自我型不忠中的个体的体验。不忠为伴侣一方（或双方）提供了体验热情、乐趣以及常年被否定的事情的机会，尽管人们可能常将之看作"中年危机"的一部分，它确实也反映了一系列更深层的问题。这类不忠常可持续数年，并可能成为不忠者一段重要的关系。实际上，不忠方可能在两段关系间犹豫，不确定要结束哪段。一方面，分裂自我型不忠下的婚姻通常已经持续超过10年，甚至20年（因此投入了大量的时间、资源和情感），但另一方面，原本的关系太陈旧了，而新的关系让人焕发了活力。因此，不忠方可能单独前来治疗，想理出头绪，或觉得需要告诉对方这段关系，以及更重要的、此前被压抑但现在苏醒的想法和感受。总之，分裂自我型不忠的预后不佳：

> 治疗通常为时过晚，已无法创造满意的、情感性的伴侣关系了。丈夫可能会离开，或可能虽留在婚姻里但情感却投入不忠关系中。而女人常常选择后者。这些不忠可能会持续终生。

本书会就此举一些例子。

退出型不忠

在退出型不忠中，伴侣一方（或双方）心里明白关系结束了，但没有意愿或勇气捅破窗户纸，不忠成为提出结束并迫使对方做最后决定的一种方式。有时，不忠是伴侣一方的测试，以评价自己是否能找到别人或是否还有吸引力。这种关系里的第三者通常会是伴侣一方的朋友或同事，他/她听说或目睹了二人关系的恶化，并被看作有同情心的或善解人意的人。由于不忠往往发生在关系结束前，容易被错误地认为是关系破裂的"原因"。然而，很早以前关系就"命悬一线"了。

这类伴侣可能与回避冲突型不忠的伴侣有许多相同的关系动力，但是，他们显然没有留在婚姻中的渴望。不忠方往往不想伤害对方，却也没有意愿去拯救这段关系。被不忠方通常会表现出愤怒和受伤，而不忠方通常会表现出悔恨——却也疏离。每个人都会因关系的状态而指责对方，将之作为回避痛苦的一种方式。然而即使关系结束，但其中的分歧没有解决，个体在下段关系中通常还会重现同样的动力，重蹈覆辙。

授权型不忠

Brown 最近提出了一个新类别，叫授权型不忠。她说，这是住得离华盛顿太近的结果（她在维吉尼亚州的阿灵顿执业），她在那里为"成功男士"提供治疗。这些男士工作努力、事业成功，习惯于得到自己想要的一切。他们觉得自己已经获得了一定的地位，这给予了他们权力，以任何想要的方式来满足自己的情感需要。他们常用成功的事业定义自我，但因为投入了太多时间和精力到事业当中，和情感自我失去了联系——这往往正是他们不忠的时候。由于这类不忠与其他类型没有特别清晰的区分，此处仅提及而不做详述。

总体来说，布朗的分类学是看待不忠的一种方式（且绝未穷尽），而对临床工作者来说，它体现了两个重要的系统式原则。首先，它提供了一个很好入手点，来梳理以不忠为症状的不同的系统动力。其次，它为伴侣双方提供了一种看见自己是如何参与并形成了不忠的系统（回避冲突、回避亲密等）的方式。那么，知道了如何分类不忠，下一个问题就是是否能有效地治疗不忠。迄今的研究能给临床工作者和伴侣带来多少成功的希望呢？

关于不忠的临床研究结果：治疗真的有效吗？

根据 Kroger，Reiβner，Vasterling，Schutz 和 Kliem（2012）所述，目前仅有 5 项关于针对不忠的治疗疗效的随机对照实验（randomized control trial，RCT）。RCT 实验操作十分严谨，足以控制额外变量，也存在一个真正的对照组，从而使结果能推广到初始研究样本之外。因此，RCT 被认为是实证支持治疗的"黄金标准"（Castonguay，2013）。那么，伴侣治疗是否能有效治疗不忠呢？简单来说，可以，但有一些附加条件。

2005年，Eldridge，Baucom 和 Chiristensen 发现，对于因不忠而接受治疗的伴侣来说，治疗前满意度低于因其他原因寻求治疗的伴侣。但在治疗后，二者的关系满意度并无显著差异。有趣的是，一方不忠却隐瞒的伴侣似乎没有从伴侣治疗中获益。在一个欧洲样本中，这一结果得到重复验证，在治疗结束后6个月伴侣满意度的改善程度仍得以保持（Atkins，Marin，Lo，Klann，& Hahlweg，2010）。Greenberg，Warwar 和 Malcolm（2010）观察了一系列事件（不忠是其中之一）后的创伤性"损伤"，"受伤"（被不忠）的伴侣在治疗前报告了更低的关系满意度和更高的压力，但这一情况在伴侣治疗中、治疗结束时和随访时（3个月）均有改善。此外，不忠方也有获益。

Godon，Baucom 和 Snyder（2004）进行了一项研究，观察在6个月内发现一方不忠且正在接受伴侣治疗的伴侣。他们研究了专门聚焦于不忠而不是其他问题的方法，结果显示被不忠方在治疗前后的焦虑和抑郁评分均有改善，不忠方在同一指标上有更大改善。但在6个月随访时，治疗仅持续对不忠方有正面效应，让其感觉到关系满意度的改善。2012年，Kroger 和他的同事调查了治疗中将近90对伴侣（一组在等候名单中，一组在治疗中）。有趣的是，他们发现超过一半（56%）的参与者在治疗结束前脱落了（说明了情感的波动性）。他们的结果支持使用伴侣治疗来治疗不忠，尤其是针对创伤和焦虑症状——这也是处理不忠的一部分。然而，在不忠方治疗前后的抑郁评分上，他们发现了不一致的结果，而且也没发现关系满意度的改善。与 Gordon 等的研究类似，他们的方法更多地聚焦于不忠问题而不是伴侣系统，这可能能解释这个结果。

在回顾伴侣治疗中治疗不忠的研究时，Kessel，Moon和Atkins（2007）发现，"同时包括专门针对不忠的和综合的伴侣治疗策略，可能是最现实和有弹性的策略"。因此，为了治疗成功，需要有能胜任的治疗师，他需要有能力做两件重要的事情。首先，治疗师需要能清晰阐述一个解释性模型，来解释伴侣是如何陷入不忠的情况的。这个模型需要能阐释所发生的事情中不忠的部分，以及为不忠创造条件的伴侣间的问题。这个模型必须包含之前讨论的两个系统式原则（不忠是症状，伴侣双方都为之创造了条件）。然后，伴侣治疗师必须能够提供一个治疗模型：①指导治疗师和治疗进程以应对那些将出现的混乱；②让伴侣对治疗过程有个概念，有一张"隧道的尽头有光明"的"地图"。

我会介绍一个简单的三步模型，这是我回顾了大部分治疗模型（许多常见例子见Peluso，2007）后提出的。此前的方法常常太复杂了，充满了"行话"，而很难帮到身陷不忠创伤的来访者。这个三步模型简单易懂，既是解释模型也是治疗模型，系统取向的伴侣治疗师可以很容易地拿来使用。

理解不忠的三步模型

虽然不忠是个复杂的个人问题，但理解导致一个人不忠的基本要素或"成分"并不是。实际上，我认为可以用三个简单的步骤或元素来解释：①要有关系满意度的总体下降；②关系中失衡的权力；③未实现的梦想、幻想和愿望。我会介绍每一步及其对不忠的作用（见图2.1）。

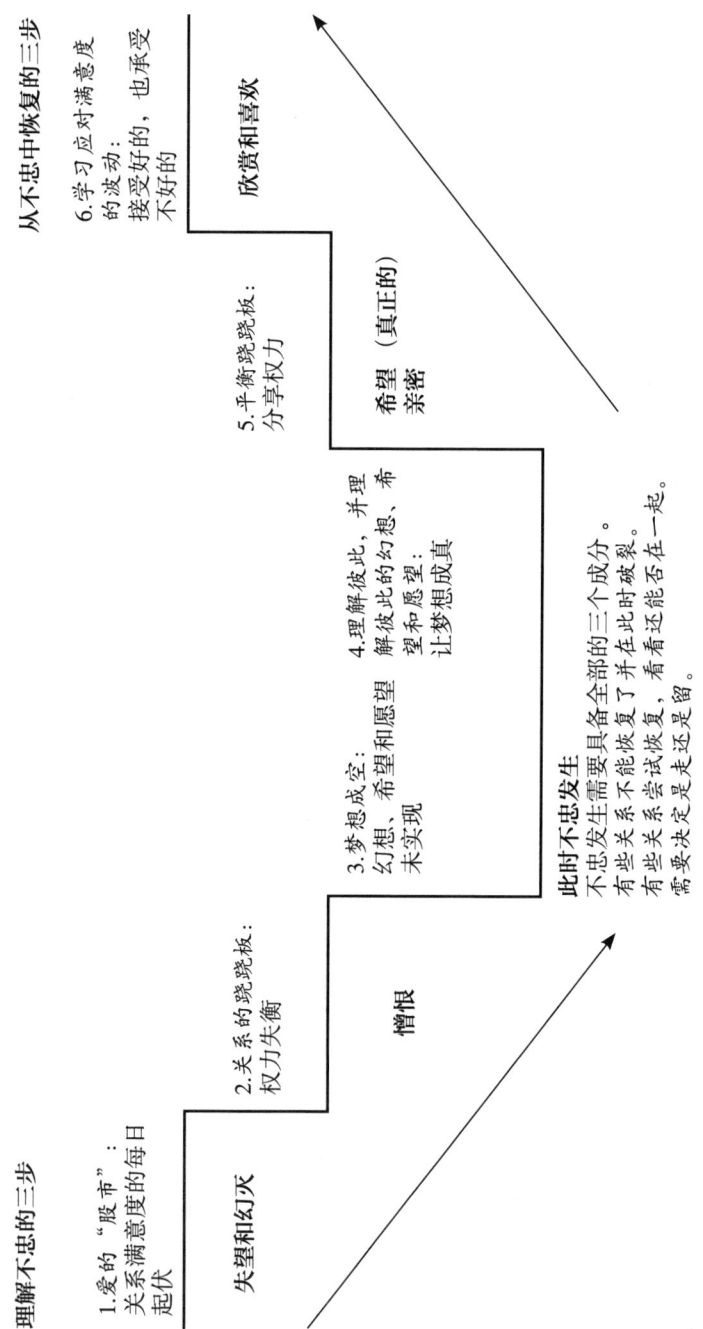

图2.1 理解和治疗不忠的三步系统模型

(1) 也许，除了性强迫或性瘾所致的不忠，其他情况都与关系满意度的下降有关。然而，并非所有觉得不满意的伴侣都会不忠。关系满意度可能剧烈地上下波动，这可能受许多因素的影响：工作、孩子、父母、朋友等。伴侣的关系满意度就像震荡的股市，可能某天"上涨25点"，次日"下跌50点"。但关注"逐日"的满意度本身并不能预测不忠的发生，重要的指标是总体的趋势。它能告诉你许多关系"健康状况"的信息，比如关系满意度在关系过程中的趋势是向上或向下的，观察这一趋势能告诉你未来关系是否会出现问题。但这不是唯一元素。

(2) 关系中长期不满意的原因之一是权力失衡。这就好比是"跷跷板"上的一方比另一方重。一方一直在上，另一方一直在下，谁都觉得"玩"得没意思。通常，这表现在一方感到自己对另一方的行动没有影响力（尤其就影响伴侣的决定而言）或感到牺牲了自己的需求而屈从于对方。伴侣中破坏权力平衡的另一种方式是伴侣一方把另一个人（例如孩子、父母、朋友）带入（或"三角化"）关系，在做重大决定时，这让另一方感到被"忽略"或被"联合反对"了。因此不忠常常是一种察觉到的权力失衡后重新平衡（通过带入他人）的行动，是向对方展示自己也有权力的一种方式——尽管是以负面的、破坏性的方式来表达的。探索伴侣间权力失衡的问题，明确与关系不满的关联，并找到关系中重新平衡权力的方式，是理解不忠的另一个重要策略。然而，许多对关系不满意并感到关系中存在权力失衡的伴侣却并没有出现不忠，那是因为还需要最后一个元素。

(3) 最后，怎么强调未实现的幻想、希望和梦想在不忠中的作用都不为过。当关系中的一方觉得"不会有变化了，不会变好了，我不会从对方那儿得到想要的了"，就意识到了自己一直在自我欺骗，梦想、幻想和希望会从关系中得到的东西都落空了，破灭了。这是最关键元素，让不忠看起来如此诱人，给人带来希望，去实现关系或自己缺失的某些东西（幻想、希望、期望）。相比之下，个体当前关系的现实往往充满了挣扎、谈判、失望和冲突，充斥着权力失衡和失望之情。简而言之，运行真实的关系很难，而不忠（在表面上）似乎不费力气、令人愉快。

当三个元素齐全（不满意、不平衡和幻想），不忠就发生了。"第三者"似乎让关系轻松有趣起来，让你感受到了曾经（或从未）与伴侣一起感受到的东西。但矛盾的是，这几乎从来不是最终的结果。不忠东窗事发后，"第三者"的要求（例如"我不会再见你了""你答应了我们会在一起"）变成了"任务"，而伴侣变成了幻想（例如"我从来没有过这么好的感觉""当初感觉是那么舒服"）。

电影《革命之路》（*Revolution Road*）

2008年的电影《革命之路》描述了一对生于19世纪50年代的夫妇，他们怀着放荡不羁地闯荡世界的梦想，却早早结婚并定居在郊区。故事一开始，妻子希望在业余表演上有所作为（失败了），而丈夫安于销售的职业，还似乎有些迷茫。他们有两个孩子，却渐渐意识到目前的生活似乎没有意义、单调无聊、毫无希望。他们酝酿了一个计划——搬去巴黎以实现梦想。然而，当即将实践这一计划时，妻子发现自己又怀孕了，同时丈夫在工作上得到了很大晋升。虽然妻子还是想去巴黎，丈夫却认为那是个愚蠢的想法，想要放弃这一计划——而且他相信新增的薪水可以让家庭过上舒适的（如果不觉得单调的话）郊区生活。丈夫接受并拥抱了这个新现实（建议妻子也去适应），而妻子（无力阻止）感到很绝望。果然，没多久她就和邻居有了不忠关系。

有趣的是，在这部电影中，"解释"模型的三个元素在不忠发生前都出现了。首先，伴侣双方对生活和彼此并不满意。妻子不羁、艺术的天性，使得她憎恨与其不协调的郊区生活，而看着自己变成"传统的"家庭主妇，让她更加不满。她开始向丈夫发泄这种情绪，尤其是当她在业余表演上遇到惨败时。其次，当丈夫把新职位（和加薪）看得比搬去巴黎更重要时，就有力地凸显了二者间的权力分化。另外，妻子怀孕后（那个年代流产是不被允许的）感到失去了选择的权力，这是第二次权力分化。最后，当双方意识到彼此不再想要同样的东西时（丈夫安于新职位和财富，而妻子很痛苦），他们（此前一致认为生活没有价值和希望，搬去巴黎可能会带来转机）突然陷入了分歧，"梦想成空"了——尤其是妻子发现自己被困住了，永不可能实现梦想。妻子转而与已婚的邻居（曾向她表白）有了婚外情，但没有回应他的感情。伴侣双方在对峙时，丈夫坦白自己也与秘书有了婚外情，但希望和妻子修复关系。我们可以看到，不忠是把关系中的挫败和失望带到明面的一种方式。

从系统角度来看，《革命之路》体现了之前概述的两个系统式原则。显然，伴侣双方的不忠是更大问题的症状，且双方对不忠的发生均起了作用。此时，不忠被挑明，他们需要做出重大决定：要留下来还是离开？如果伴侣决定继续维持关系，关键在于他们能否拯救这段关系或婚姻。如果双方都有意愿这样做，关系通常是可以拯救的。不忠"来"和"去"的过程是相同的，只不过方向相反。换句话说，也是相同的三步，只是按相反的顺序。这意味着二者需要探索对彼此的最初的梦想、幻想和愿望，要找到平衡权力的方式，然后才会有令人满意的关系。不幸的是，我认为大部分伴侣治疗师把顺序弄反了，他们先在满意度上工作而不管情绪，这就是治疗无效的原因。

我认为，伴侣在不忠发生后仍最终恢复亲密关系的关键，在于不忠方将导致不忠的幻想带来的兴奋调整到对关系的幻想上。如果一方感到被忽视，怎么能让其感到自己是特别的？如果需要感到安全，又该如何做到？同时，挖掘双方对关系最初的幻想、对关系的总体感受和对自己及对方的期待（"我不想被伤害""我想要一个幸福快乐的家庭"）至关重要。不幸的是，丧失、哀伤、悲痛、厌恶和生气的感受将这些部分束缚了。然而，如果能指引伴侣处理好情绪（如前所述），就可能出现深化亲密的力量和成长的空间。随着梦想、幻想和愿望的揭示，二者重新协商，表达（和耐受）情绪，其他的修通就能开始。很多情况下，伴侣认为关系已经有了太多的伤害，梦想不可挽回地破灭了。但如果可以一起采取这三步，如果伴侣能够耐受强烈的情绪并经历宽恕，就能找到讨论和重新平衡权力"跷跷板"的方式，而关系满意度的"趋势线"就会上升。那时，伴侣双方对于关系的幻想会开始融合，每个人会得到双方世界最好的部分，从而能修复和深化亲密。

结论

  本章的重点是呈现了模型的全部三个元素（或"步骤"）。读者可以看到每一个元素如何促成伴侣双方出现不忠，也可以看到直到最后一个元素"梦想成空"出现，不忠才真正发生。在接下来的三个章节中，我会进一步探讨每个部分，并为临床工作者提供方法，帮助来访者从系统的视角解构不忠并理解关系中的动力，最终带来疗愈。其后的三个章节将聚焦于同样的三步（按相反的顺序），以及伴侣治疗师用来帮助伴侣走向疗愈的治疗方法（及技术）。

第 3 章

对关系不满意：爱的"股市"

关系刚开始的时候一切都很好；但一段时间之后，伴侣开始安于一种固定的模式。日常的生活本无过错，但当日常生活变成例行公事时，伴侣不进行新的尝试，关系中的乐趣就开始干涸。这种关系并不糟糕，只是双方不再像过去那样能在对方身上体会到快乐和开心，曾经的快乐感受像是一段遥远的记忆或一张已经褪色的照片。

关系有"起伏"——这种说法太过轻描淡写。伴侣对关系总体感受所带来的影响无处不在，从人际关系到身体健康，再到不忠的倾向。本章检视关系（或"婚姻"）满意度这一概念，并考查关系满意度对健康（身体的和心理的）的影响，还有其在导致不忠的系统动力中的作用。首先让我们来回顾关于关系满意度的建构及已有文献。

关系满意度的概念及其重要性

伴侣的婚姻满意度（或关系满意度）这一概念被研究了50多年。据研究者所述，可将婚姻满意度定义为人们对自身婚姻关系的感受和看法。另有研究者将之修订为人们对自身爱情关系的感受和看法（Robles et al.，2014；Scott et al.，2017；Stone & Shackelford，2006）。许多因素都对总体关系满意度（或不满意）有影响，包括个体冲突风格、伴侣双方的终生经历，以及对各自及关系需要的处理方式。对研究者或临床工作者来说，婚姻满意度是一个关键变量，它包含一些术语（如婚姻适应）以及一系列的行为（如"配偶守卫"）。Stone 和 Shackelford 采用一种更为务实的方式来建构：

> 婚姻满意度是一种精神状态，反映了特定个体感受到的婚姻的获益和付出。通常，婚姻中一方付出的越多，对婚姻和伴侣的满意度就越低。相似地，感知到的获益越多，对婚姻和伴侣就越满意。

他们发现，把另一半的负面行为归因于其性格的伴侣的关系满意度低于将之归因于外部条件的伴侣。例如，一方在家是疏离的，另一方可能将其行为归因于其性格（"噢，他就是不在乎我"）或外部条件（"现在是纳税季，总是他最忙的时候"）。这些个人的负面归因不仅影响关系满意度，还能预测关系解体情况（Stone & Shackelford，2006）。

总体生活满意度和关系满意度之间似乎是相互影响的。研究者已经发现，（婚前）总体生活满意度较高的人倾向于结婚。同时，这个结果似乎是双向的，因为已婚的人比未婚、分居、离婚或守寡者有更高的生活满意度（Sperry & Peluso，2018）。事实上，综合社会调查的数据结果发现，在所有的幸福来源（朋友、工作等）中，婚姻幸福对总体幸福影响最大，而且从长远来讲，处在不幸婚姻中的人比离婚和再婚的人幸福度低（Hawkins & Booth，2005）。

婚姻满意度的另一个要素是伴侣给对方的社会支持。社会支持与好的关系功能、家庭关系健康高度相关。为对方提供良好社会支持的丈夫／妻子，能促进对方的婚姻满意度（Stone & Shackelford，2006）。

> **电影《西班牙女佣》（Spanglish）**
>
> 　　约翰是一位成功的餐厅老板，他平易近人，喜欢烹饪，很会带孩子。他的妻子黛博拉在做全职妈妈前曾是位成功的商人。黛博拉性格焦躁，她神经质且霸道的行为常常让家人很是困扰——她强迫女儿伯妮斯锻炼、给她买较小尺寸的衣服、压制她的某些行为，对她进行精神虐待；她要求约翰唯命是从，接受她对儿子乔治的管教方式，这让约翰感到挫败。约翰为人随和，一直在支持并维护着孩子们，但他感到无法对抗黛博拉，因此经常默许她的做法。
>
> 　　他们的管家弗洛尔是位单亲母亲，有一个女儿克里斯蒂娜。最初她是约翰和黛博拉请的清洁工，后来他们需要一个全职保姆，于是她很快就搬进约翰夫妇家里。弗洛尔的英语不是太流利，往往需要女儿帮忙沟通。黛博拉很快就喜欢上了克里斯蒂娜，因为她漂亮又苗条，比自己笨拙又胖乎乎的女儿"优秀"，并且对待克里斯蒂娜比对待自己女儿还要好。
>
> 　　约翰开了一家新餐馆，但因为生意上的压力一时陷入抑郁。随着餐馆日益红火（得到四星评价，约翰也被《纽约时报》称为"全美最棒的厨师"），黛博拉（放弃了有钱有权的事业发展）开始感到嫉妒，觉得自己不如约翰。她开始和一个房产经纪人相处，并和他有了不忠关系。

> 黛博拉帮克里斯蒂娜转学去了伯妮斯就读的私立学校,这让弗洛尔很是困扰,她希望女儿"不忘本(墨西哥人)",坚持工人阶级价值观。弗洛尔觉得东家越过了她的边界,并向约翰表达了不满。约翰告诉弗洛尔,他也因妻子不支持女儿而感到心灰意冷。弗洛尔在知道这件事后,向伯妮斯展示了善意,试着鼓励伯妮斯建立自信。
>
> 电影中,黛博拉最终坦白了自己不忠的事实,并乞求约翰原谅,然而灰心的约翰还是选择离开这段关系。弗洛尔也前来向约翰请辞,约翰和弗洛尔进行了一次真诚而深入的谈话,两人的关系也变得更加亲密,弗洛尔表达了对约翰的心意,但也顾虑到双方的孩子,拒绝和约翰有进一步的发展。

电影中有两段不忠关系:一段在进行中,另一段在开始前就被打断了(也是一种情感不忠)。按照 Brown 的分类学,这两段不忠都像是回避冲突型不忠。因为约翰虽然感到绝望,却没有就黛博拉神经质的、令人沮丧的控制行为(伤害了每个人)与其面质,而黛博拉也不愿向约翰表明自己未满足的需求。这部电影中最突出的是伴侣双方对关系的不满意,这似乎是 Scott 等的研究结果的良好例证。当约翰的餐厅好评如潮时,黛博拉的满意度急剧下降。因为孤独和被忽略感,她开始在性上不忠。同样,约翰听说黛博拉的不忠后(本身已经很低的关系满意度崩塌了),对早已有好感的弗洛尔产生了强烈的情感,差点就彻底地与其有了不忠关系。

关系满意度和健康的关系

高水平的关系满意度除了可以带来社会支持,还伴随着显著的健康获益。Robles等（2014）报告了一项荟萃分析的结果，总结了婚姻满意度对健康的影响，分析纳入了126项研究，包含了来自全世界不同国家共72000个样本。结果是非常明确的：

> 我们发现较高的婚姻质量与较健康的身体状况相关，该结果与研究设计、婚姻质量评估方法和出版年限无关。而且，纵向研究的结果一致提示，婚姻质量差是生理健康的危险因素。另外，我们找到了清晰的证据，显示较高的婚姻质量与讨论婚姻冲突时较低的心血管反应性相关。

意料之中，较高的婚姻满意度对生理健康有影响。例如，对于患有慢性疾病（如末期肾脏疾病和心血管疾病）的患者，如果其关系满意度低，则死亡率较高。其他客观医学指标同样受到低满意度的负面影响，如溃疡、心脏疾病及伤口愈合水平，这提示关系状态与身体健康间存在关联。

其次，心理健康和关系质量或关系满意度有关。Robles等（2014）在荟萃分析中报告了中等效应值（或相关的程度）的统计结果，男女分别为0.42和0.37。他们指出：

> 在横断面研究中，抑郁诊断与较低的婚姻满意度有关，平均效应值高，标准差在1.2～1.75之间……（且）婚姻质量和心理健康指标（包括抑郁和/或焦虑症状、自尊、生活满意度、幸福度、其他心理症状）有关，较高的婚姻质量与较好的心理健康状况有关，效应值为中等水平。

最后，他们发现在分析中控制了抑郁和其他负性情感症状后，关系满意度和生理健康的关联仍然很强。这一发现证实了关系满意度对总体健康和幸福的重要性。

满意度随时间的变化

关系质量（高）确实有很多益处，但它也不是静止不变的，而是随时间呈周期性的长期波动。过去，我们将终生关系满意度理解为一个U型的过程，伴侣关系在开始时满意度高（所谓"蜜月"期），随时间下降到一个低点（"低潮"），然后上升到与早年相似的高满意度水平。这是基于不同年龄段伴侣的横断面（且多是调查）数据得来的，然而，更为细致的纵向考察有不同的发现（Stanley et al., 2012）。

研究者随访真实伴侣一段时间后发现，关系满意度的过程（其"起伏"）复杂得多。纵向地看，满意度似乎在前10年急剧下降，然后在随后几十年缓速下降。并非所有关系都以可预期的线性方式下降，因为突发事件可能导致关系满意度曲线的陡降或陡升。那么，是否存在满意度与开始时一样高或比开始时更高的情况呢？虽然有，但只是纵向研究中的少数情况（Robles et al., 2014）。既然大部分是下降趋势，为什么不是所有的伴侣都会离婚（或出现不忠）呢？原因稍后详述。

那么，这些变化的影响因素是什么？父母的婚姻质量似乎起了作用。一个有趣的发现表明，父母关系的质量比父母离异与否对伴侣关系满意度的影响更大。奇怪的是，共同的创伤事件（从健康危机到自然灾害）均能提高伴侣的关系满意度。个体差异，如依恋类型，对关系满意度也有影响。焦虑或回避型依恋的个体，比安全型依恋的个体满意度低。最后，经济或工作相关的应激源与较低的关系满意度呈正相关

(Robles et al., 2014)。

满意度高却又离异的伴侣

满意度与较好的关系结果（包括关系的强度）之间的联系是显而易见的，然而，一个有趣的子人群的情况值得我们思考——婚姻痛苦度低、不满意水平低却还是离婚的伴侣。Lavner 和 Bradbury（2012）推测，与痛苦度低且没离婚的伴侣相比，痛苦度低但离婚的伴侣可能在4个具体的方面上有所不同：①承诺水平较低；②较差的可见沟通（较多负面和/或较少正面）；③较多非适应性的人格特点；④较高水平的应激。

他们针对这些痛苦度低的新婚伴侣（后来离婚）进行了10年的追踪调查，但没有找到导致其离异的任何特定的因素。与推断相反，他们：

> 尽管重复了之前研究的结果——离异的伴侣较年轻，并且其父母存在较高的离婚率（丈夫方的父母），却没有证据显示低承诺是重要特征。在10年后的随访中，假设中剩下3个会带来关系问题的因素，也未能一致地区分两类伴侣，婚姻前4年自我报告中的关系满意度也同样无法区分。

尽管这一发现看似违背直觉——不满意度低的伴侣不应该想要离婚（更不用说不忠了），但可能揭示了单单关系满意度并不是问题的答案。第2章介绍的三步模型中的三个元素都要出现，不忠才会发生。由此，实际上关系满意度的下降可能导致不忠的先兆行为。

关系满意度和不忠相关的行为

所有这些引出了一个问题——低关系满意度对不忠的影响。人们都认为对关系越满意的人，越不会做不忠的事，因为不忠即会导致关系解体，而在良好关系中的个体并不会想要冒这个险。另外，研究者研究了一些"不忠相关"行为（例如性意味的短信、交流幻想，或仅仅是分享对配偶或伴侣的不满）与满意度的关系。尽管低关系满意度可以高度预测不忠的发生率，但仅靠关系满意度并不足以预测不忠的发生（Starratt et al.，2017）。

几十年来，研究者探索了婚姻中的不满与不忠的关系。关系满意度与一系列不忠相关（infidelity-related，IR）行为有关（Shaw，Rhoades，Allen，Stanley，& Markman，2013；Whitman，Gordon，& Chatav，2007）。Valenzuela，Halpern 和 Katz（2014）发现，频繁使用网络社交媒体与较低的关系满意水平及较高的最终离婚率呈正相关，他们假设社交媒体很可能是婚姻不称心者社会支持的来源。此外，社交媒体为可能导致冲突（如果被发现）并损害关系质量的其他不忠相关行为提供了机会，助长了不忠相关行为。根据 McDaniel，Drouin 和 Cravens（2017）所述：

> "我们认为这一关系很可能是双向的；处于较不满意的关系中的个体可能去寻求与他人的网上互动，而这些互动转而可能导致较低水平的满意度。"

所有这些都可能导致关系出现矛盾，或"对同一段关系的正面或负面情感体验"(McDaniel et al., 2017),当二者曾经有过冲突(尤其是没得到解决)、背叛和其他越界行为时,就会带来类似感受。这些感受常常引发个体对情感不忠的怀疑,或产生于情感不忠中,而这些行为对伴侣关系中最终出现的性不忠有高度的预测价值(Birditt, Miller, Fingerman, & Lefkowitz, 2009; McDaniel et al., 2017)。

泰格·伍兹

在2009年时泰格·伍兹身处高尔夫界之巅,被看作高尔夫运动的化身。他不仅是世界头号高尔夫球手,还是声名远扬的品牌代言人,身价数十亿美元。他在数十年里一直都是高尔夫世界最重要的选手,仅仅知道他参赛的消息,就会让对手承受巨大的压力,而粉丝们将为之欢呼,认为他一定会呈现一场精彩的高尔夫球比赛并一举夺魁。高尔夫界成功的唯一标准,是选手获得的"大赛"冠军数。到2009年时泰格·伍兹共获得14次冠军,人们都认为他能轻易地打破最高纪录(18次),这只是时间问题和最终封顶的数量而已。

他似乎也有着完美的家庭。他娶了一位瑞典模特,有两个孩子。然而,在聚光灯下,在巨星这一"坚不可摧"的泡影中,我们也看到了他人格的另一面。据报道,他似乎痴迷赌博和性。人们直到2009年11月才知道所有的一切,那是一个感恩节假期,他妻子就他手机上的色情短信和此前相关的报道公开质问,而一贯低调的泰格·伍兹高调地在家门外出了撞车事故。接下来的数月,有数十位女性向公众透露,她们曾在过去的几年里与泰格·伍兹有过不忠关系。他本人最终在2010年2月的电视讲话中承认:"我反复做了不负责任的行为。我不忠诚。我是骗子。我的行为是不可接受的。我是唯一该受谴责的人。"

在2010年的一篇报道中，调查记者Mark Seal描述了这一不忠事件：

> 他内心中涌动着某种东西。家里有一个"女神"，但显然她是不够的。在性的诱惑面前，他很快失去了拒绝的能力。他要依靠性来缓解压力，性是他与人建立关系的主要形式，而不是爱。
>
> "其他的一切都可以牺牲，包括家庭、朋友、价值、健康、安全和工作。性瘾者绝望而无助地受困于堕落、羞耻、危险的循环。"性瘾治疗师先驱Patrick Carnes在1989年的著作《爱的对立面：帮助性瘾者》(Contrary to Love: Helping the Sexual Addict) 中如是说。
>
> 据传，泰格·伍兹在位于密西西比哈蒂斯堡的诊所接受治疗，他在追求卓越的路途中变成了一个性瘾者。

根据Brown (2001) 的分类学，这属于性瘾型不忠，即个体用越来越冒险的行为填补空虚或麻痹内在痛苦。在泰格·伍兹的案例中，有多种因素可以解释他的情况。首先，据报道，他很崇拜的父亲有不忠史。其次，他父亲于2006年去世，这可能加剧了他本来就已经试图用性来麻痹的内在痛苦。最后，泰格·伍兹也是一个大手笔的赌徒，他被巨星运动员Charles Barkley和Michael Jordan带入赌博的泥潭——这是一个放纵的圈子，任何欲望都可能被满足。在2010年2月泰格·伍兹的讲话表述得非常清楚："我感到我手握重权……我错了，我很愚蠢，我不可能有跟别人不同的'游戏规则'。我这是自取其辱。"

> 在2008年后泰格·伍兹就未再赢得任何大赛，而这可能与其背部和膝盖的伤病有关。再也没人认为他能打破职业纪录了，大家只会好奇他是否还可能赢得任何大赛。对于一个曾经如此优秀的天才来说，一切也许已经太迟了。

在这个案例中，泰格·伍兹的家庭和境况看起来似乎很完美，却有着非常重要的问题影响了其婚姻满意度。毫无疑问，性瘾因子起了作用（实际上，根据Brown的分类学，这无疑是一个性瘾型不忠的标准案例），高水准高尔夫球运动作为应激源、两个孩子的出生、父亲的离异和朋友的影响，在伍兹夫妇关系满意度下行的负性轨迹中都起了重要作用。

较低的关系满意度不仅影响可能的不忠方，也影响担心另一半可能不忠的伴侣。这涉及配偶价值、配偶守卫和配偶的不忠易感性等概念。配偶价值是对特定伴侣渴望程度的评估，可能包括智力、人格或身体吸引力等特征（Starratt et al., 2017）。认为伴侣价值较低与较低的关系满意度相关，因此，如果伴侣一方不再把对方看得像以前一样"有价值"，关系满意度又很低，不忠的可能性就会上升。然而，如果伴侣一方认为对方有较高的价值，而关系满意度很低，就有较大可能性出现配偶守卫行为，促发与不忠相关的行为（或不忠本身）。

配偶守卫行为指试图阻止他人接近其伴侣并侵入其关系。这些行为可能包括独占对方的业余时间，让对方无法形成任何外部兴趣；通过使用被动攻击式的威胁实现情绪控制；以及如果对方不满足其要求就威胁要与他人不忠。这多数由焦虑的依恋模式驱动，但也可能源于对与较高"价值"伴侣共处的恐惧。配偶守卫行为几乎仅发生在满意度低的关系中。另外，这些行为可能造成现实后果，表现为社会支持的减少或职业生涯中机会的减少。我们来看一个例子，伴侣间有明显的不满，且伴侣一方表现出"配偶守卫"行为。

乔丹和迈克

迈克："哎，两年了，你总是提到你的老板吉姆。总是说'吉姆做了这个……''吉姆说了那个……''吉姆告诉我……'。只要是他的电话，你会立刻回应，不管早晚，一聊就是好几个小时。还有短信！有时我们聊到一半，突然他的短信就来了，而且一来就是一大堆！你会立刻去处理！"

乔丹："你太夸张了！不是这样的！"

迈克："看看他给你发的短信！看看他给你发短信有多频繁！"

治疗师："你从什么时候开始意识到这可能不仅仅是工作了？"

迈克："我想是当她开始想去吉姆家过周末的时候。就好像乔丹不能忍受离开他超过一天！"

治疗师（对乔丹）："当你听到这些话时，你有什么想法？"

乔丹："我烦死了，我觉得迈克在没事找事！我又没和吉姆上床！"

迈克："我没说你有，也没说你想。我不知道。但重点是你把他的优先级放在我前面！这是最伤人的！"

乔丹："那是工作！我们有很多事情要做，他需要我的帮助来跟上进度。有时我所做的就是跟他从一个会议去往另一个会议，只是为了让他能集中精力干活。"

迈克："是的，但是他总跟你谈他妻子的问题以及他们关系的问题？"

> 乔丹:"是的,但我们就是同事而已。"
>
> 迈克:"哎,但感觉不只是这样!你每次一谈起他就'容光焕发'。他说的每件事都'真有趣'或'真令人惊讶'。见鬼,你居然在他家和他还有他妻子给我过生日。你甚至没为我的生日做任何准备,就去他们家给我庆祝生日了事。这难道还不能说明什么吗?"
>
> 乔丹:"在我被降职后,别人都不需要我,是他让我看到我是有价值的。他让我看到我可以成功,给了我别人不会也不曾给的机会。毕竟,我们是为了你的事业才搬到这儿的。我需要放弃我之前拥有的,这样你才能追求梦想中的工作。我从没对此抱怨过,但这也意味着我需要争取得到任何现在能得到的东西。我从未有过像你那样的安全感,从来没有。"

这个案例中,伴侣双方都在表达对对方的不满。乔丹为了迈克的事业而搬家,心怀对迈克的不满(自己工作进展不顺利)。而当乔丹得到一个好职位时,迈克又因为她常常不在身边而感到嫉妒,并感到好像他不是对方最重要的人,也不值得被关注。

性满意度和不忠

关于关系满意度和不忠之间的联系的另一个研究领域,是关系中性方面的满意度所起的作用。据多位研究者所述,性满意度与不忠史通常是相关的,而在回顾性研究中,不忠方认为性满意度低是不忠的先兆(Scott et al., 2017)。然而,我们还不太清楚性满意度下降在关系的不同阶段对不忠倾向的影响。有些理论家(拥护"长期问题"理论)相信,只有关系早期就存在的问题及不满意成为惯例,持续到关系后期,才会出现不忠。其他理论家（拥护"发展模式"理论）相信应激源和创伤的累积损害了关系，形成了不忠发生的条件。

值得注意的是，性别对性满意度的影响也有些令人疑惑，Scott 等发现性别存在差异，这支持了此前的一些研究结果，这些研究发现，在男性群体里中性满意度和不忠的关联更强，然而其他研究没有支持这一结果 (Scott et al., 2017)。同时，Silva，Saraiva，Albuquerque 和 Arantes（2017）发现无论关系质量如何，女性对不忠有更强烈的负面评价，而这似乎支持了性满意度和不忠关联间的性别差异。但在关系满意度高的伴侣中，这一效应又有所不同——男性和女性对不忠都持负面态度。因此，传统观察到的性别差异（男性更可能支持不忠）似乎仅适用于关系满意度低的情况。

同时，这一发现并不像很多人想的那样逻辑一致，无法解释那些性满意度低但没发生不忠的伴侣的情况。Scott 等（2017）报告，发生和未发生不忠的伴侣的一个关键差别，可能是性满意度下降的速度。他们指出：

> 也许，当总体性满意度下降较快时，个体在当前关系中获得性满足的希望较小，因此更可能在关系以外寻找性满足。或者反过来，新关系的发展和/或对未来婚外性伴侣的性兴趣也可能对原本关系中的性满意度有负面影响。

因此，当个体经历了性满意度的急降（如当孩子出生），有寻求刺激或新奇需求的个体可能开始对新的性经验变得"开放"。这与本书提出的三步模型一致。

有许多证据显示关系不满意和性满意度直接预测不忠，但对此进行确切评估的数次尝试都没能成功。首先，最近的两个纵向研究表明，已婚或未婚伴侣的性满意度不能显著预测未来的不忠行为（DeMaris，2009；Maddox Shaw，Rhoades，Allen，Stanley，& Markman，2013）。其次，在对性不忠发生前后的伴侣的一个大数据集里，Scott 等（2017）发现了关系满意度和性满意度的变化趋势，但仅在不忠前有显著性。趋势提示性满意度和关系质量最可能同时恶化，从而导致不忠。然而，这表明仅凭满意度不能预测不忠，而必须有其他"激活因素"参与。这一结论为本书提出的三步模型提供了一些初步的证据。

关系满意度的系统观：股市的隐喻

本章前面的部分清晰地呈现了关系满意度在关系的整体健康中起了关键作用，而且影响了伴侣不忠的易感性。实际上，如果满意度低是系统（稳态）中的"设定点"，那么关系将倾向于保持或移向一个总体负面的情绪框架。挫败、怀疑和缺乏情感是低满意度关系的特征。尽管系统动力倾向于稳态，却还有另一个影响系统的因素——时间。或更确切地说，是系统随时间的总体变化趋势。这个趋势是趋向于成长和正性的？或是停滞留在原地？还是下行至"负值区域"？Gottman（2017）提出的隐喻可能有助于较好地说明这一点！

道琼斯指数和满意度

道琼斯工业平均指数（通常被称为"道指"）是大多数人提及"股市"时会想到的。它是 30 家公司经济情况的列表，用于反映美国经济在工业领域的健康情况。如今,道琼斯指数包含美国经济中一些最有影响力的公司,而其波动(大或小)被视为可以反映总体经济情况(尽管很多经济学家反对这个说法)。道琼斯工业平均指数会对影响其单个公司的事件以及国家和国际事件做出反应,比如,紧随"9·11"事件,道琼斯指数下跌超过60000点(历史第三大跌),而当出现大规模国际军事威胁时,这一指数也可能突然下跌,哪怕个别公司其实没有直接牵涉其中,但其股价却可能受影响!

就本章主旨而言,注意到逐日道指可以有剧烈的波动(或至少看起来是)很重要。某天可能上涨100点,次日可能下跌250点。如果每天都关注它,根据看问题角度的不同,你可能对行情好坏有个判断——关系满意度也是如此。某些天关系可能"上涨"100点,另几天可能"下跌"250点。而通过任一天的满意度来评估关系强度,那就好像坐过山车一样!通常来说,对于还处在约会中或非常不成熟的关系,我们可以用这个策略,但对于稳定的长期关系来说,这不是一个好策略(Gottman, 2011)。通常来说,通过"日内交易"(根据某一天的价格走向买卖股票)来评估其关系强度的个体,很可能不会留在关系中很久。

然而,如果伴侣对随时间变化的关系满意度有"较长远的眼光",就能看到他们曾经"在哪儿",走了多远,经历了什么。为了进一步说明,我们来看看从2000年4月到2010年4月的道琼斯工业平均指数(见图3.1)。在2000年4月3日,道指开盘时是10863点,终盘时是11221点。10年后的4月1日,道指开盘时是10857点,终盘时是10927点。换句话说,在这十年间道琼斯指数基本上还是老样子!然而,图3.1可以帮助我们回忆在那十年中发生了什么——互联网泡沫破裂(2000—2001)、房地产泡沫破裂、"9·11"事件和伊拉克-阿富汗战争、经济

第3章 对关系不满意：爱的"股市" • 59

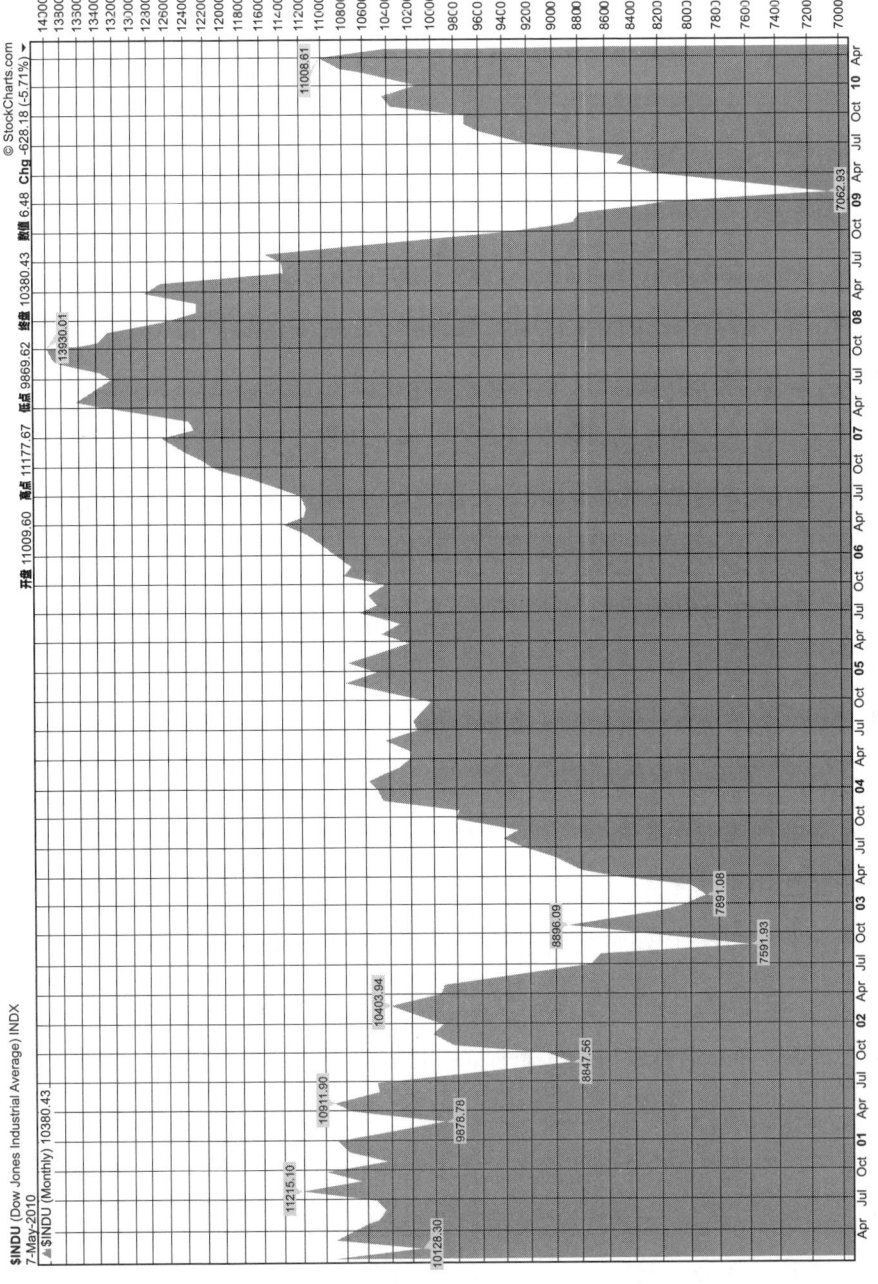

图3.1 2000—2010年道琼斯平均工业指数

大衰退。其中也有经济增长、房地产快速发展以及来自政府经济刺激的历史高点。

如果这是你的关系图表，与2000年4月相比，在2002年9月你可能感到处于"低迷"期（7591点）。但如果判断2002年9月到2007年10月（道指终盘于13930点）的关系满意度，你会看到这段时期满意度直线上升，让人觉得"嘿，真不错！"当然，2009年9月金融危机发生，全球经济萧条，道指终盘停在6547点。如果评估2007年10月到2009年3月的关系满意度，你可能会认为这段关系完了。

这里想表达的重点是关系满意度存在起伏，而升、降或保持平稳都取决于个人的视角。比如，如果图3.1体现的是伴侣关系，每个人对这一图表及其意义都有不同的看法。有人可能看到巅峰并为之骄傲，或因未能保持稳步上升而感到悲伤。有人可能看到低潮并感到失望，或因能从"低谷"里走出来而骄傲。当然，有人可能比较了开始和结束的情况，并判断关系并没有任何真正变化（尽管确实看似经历了很多！）。

然而，还有另一种方式——从长期来看。要说明这一点，必须从几乎是道琼斯工业平均指数开端时的1896年来看！图3.2展示了一张从1900到2010年的图表（超过一个世纪）。从中可以看到1929年经济大崩盘和20世纪30年代经济大衰退的影响，以及20世纪的历史和21世纪的开端。重点是，总体趋势是上行、正向的——当然也有困难时期以及下行负峰。如果这是纵向的关系评估，我们轻易就可以得出一个结论："总体来说，这对伴侣的关系看起来相当不错"。相比之下，如果总体趋势是下行或负向的，那么伴侣在关系中会相当不满意（Gottman, 2011; Gottman & Gottman, 2017），这让他们有较高的关系问题出现的风险。因此，长期的总体满意度可能是一个显著因素，但不是唯一因素。

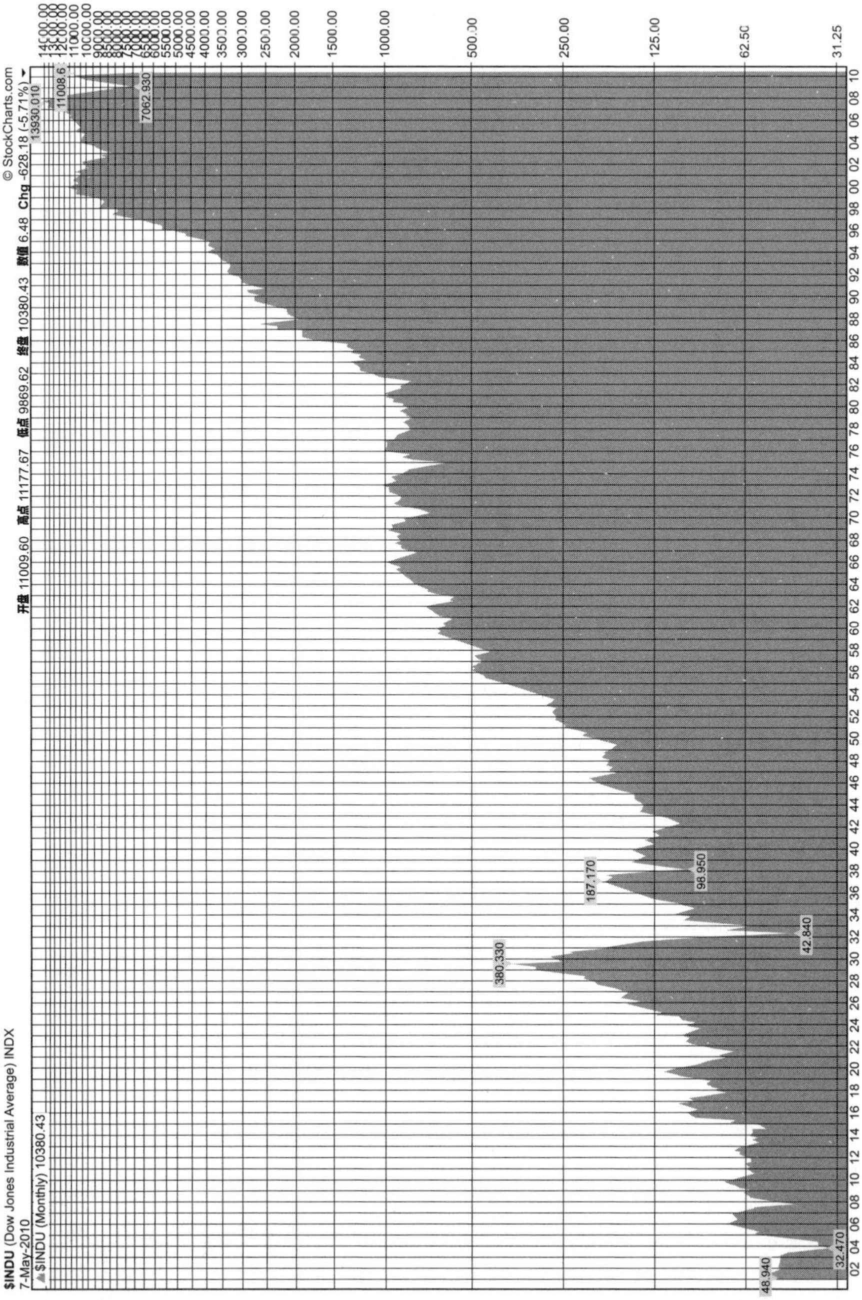

第 3 章 对关系不满意：爱的"股市" · 61

图3.2 1900—2010年道琼斯工业平均指数

现在我们来思考一个案例，案例中伴侣的关系有显著"起伏"，但总体趋势是负向的，形成了不忠发生的条件。

杰瑞米和布瑞妮

杰瑞米预约了伴侣治疗，他说自己"焦头烂额"，与妻子布瑞妮的关系令他非常痛苦。他们都快40岁了，结婚快15年了，有两个孩子。刚认识时，布瑞妮还是一名来自爱尔兰的交换生。在结束学业回国之际，杰瑞米向她求婚了。布瑞妮虽然觉得自己太年轻了还不能结婚，但又爱上了杰瑞米并最终答应了他。布瑞妮认为杰瑞米爱自己，但却是"操纵并控制的，就像他父亲一样"。布瑞妮说别人让她不要信任他，但她不听："我不想失去他。"

杰瑞米讨厌别人将他与父亲相提并论。他认为他的父亲满口脏话，对他母亲很差，"小气"并总是"对我摆架子！"，但他没发现自己在用同样的方式对待布瑞妮。布瑞妮的父母在她10岁时离异了，而她发誓自己绝不会重蹈覆辙。她看到了母亲的痛苦和孤独，害怕自己最终也会变成那样。

有了孩子后，孩子马上成了布瑞妮生活的中心。尽管那时她已经开始考虑回到校园继续学业，但她对发展自己的事业没有任何追求。最初，她想成为一名护士，现在却在考虑医疗技术学位——因为不需要投入太多时间，也因为这一领域有很多工作机会。不过，她希望等到孩子们大一些再考虑学业的事，因为杰瑞米有足够的收入，能让她做一个全职母亲。

杰瑞米的事业一度非常成功，但后来走了下坡路。他们搬去了美国西海岸，开始了新的生意，并再次获得成功——"我有漂亮的房子，我们有车、家具和想要的一切。"但好景不长,杰瑞米的生意伙伴骗了他,他只能再度搬家。他们搬进了一处急需修缮的简陋房屋,尽管杰瑞米做的是建筑生意,却从来没有修过房子(这成了这段关系的一个恰当的隐喻)。他能够把房地产生意做得很成功,有足够的收入,但当布瑞妮找他要钱时,他却对资金控制得很严,从不想在她或家庭上花钱,除非是花在孩子身上——"他喜欢当孩子们的'圣诞老人',但对我就像个守财奴!即使有钱的时候,也总是抱怨我乱花钱——我从来不浪费!即使只是和朋友喝杯咖啡,他也要怪我败家!"

杰瑞米表示,生意上的失败让他感到不安全和没信心:"我想掌控一切!"

当布瑞妮的焦虑水平上升时,她的强迫症会更明显。在家时,她常常表现得非常强迫,不断清洁。杰瑞米认为自己这么努力地工作,布瑞妮没必要这样辛苦。但布瑞妮会回答:"我们其实一无所有,所以我尽可能地努力维护和清洁这些东西,这样就不用要求你替换它们了!"

杰瑞米感到关系没有希望,也没有自由——"这比工作更像工作。"他承认,布瑞妮给过他离开的机会,但他没有勇气抓住。同时,他回忆,"曾经我是那么迫不及待地回到她身边。"

另外,由于居住条件的限制,所有人得共用一间卧室,这意味着他们"大约4年来"都没有性亲密。

布瑞妮感到和杰瑞米在婚姻中"从未平等",觉得他从未全心投入婚姻。杰瑞米最终承认"厌倦"了这段关系,厌倦了布瑞妮的要求,只想要"退缩",在外面待着。他感到与其他人在一起更自由和从容。

同时,杰瑞米开始为一个非常富有的家庭工作,做些房屋改造的工作。雇主(一个银行家,经常不在家)的妻子是一个孤独的家庭主

> 妇，她经常打电话叫杰瑞米去修理房子或改造房间。他们会在一起悠闲地喝咖啡，并发现彼此有相似的追求——"我可以跟她谈一些不能和布瑞妮谈的事情。"雇主的妻子想要被关注，而杰瑞米想要较高的地位和"自由"。雇主的妻子给杰瑞米买了个电话，用来跟她通话，他们还会夜里相约在沙滩上散步。
>
> 布瑞妮想要为婚姻而战，她努力不与杰瑞米对抗或向他发火。她渴望杰瑞米注意到她所做的，并且也为婚姻而努力："我想为这段婚姻而努力。即便一切都结束了，我还是想争取。"杰瑞米觉得，对于布瑞妮来说自己是"不够好"的。而布瑞妮认为："我才是那个能判断他对我来说是否'足够好'的人。他就是我想要的全部！"
>
> 最终杰瑞米向布瑞妮坦白他对她不忠了，而且想要离婚。杰瑞米表示"不想错过生活，现在的自己不是想成为的那个样子"。他表达了内疚，但并不懊悔。

根据 Brown 的分类学，杰瑞米的不忠像是回避冲突型不忠转变为退出型不忠。根据杰瑞米所说，"我总是回避'棘手'的情况。"因此，当布瑞妮为关系争取时，杰瑞米退缩了。同时，当杰瑞米坚持和平时，布瑞妮在房子和其他问题上也让步了。然而，最终双方都不满意。杰瑞米说："我希望能回到更年轻的自己，'拿起我的枪保卫我的核心信念'。"布瑞妮也发现，过去没有为关系而战去努力"挽救"它，只让她越来越不满意，最后落得离婚的下场。如果把杰瑞米和布瑞妮的关系满意度画成图表，我们会看到多年来他们的关系满意度总体是下跌的。

结论

本章介绍了关系满意度与不忠的关系。系统地来看,任何关系满意度都像股市一样不断起伏。然而,了解伴侣看待关系的角度,以及总体趋势是向上还是向下的,才能预测整体感受是正面还是负面的。关系不满意的原因可能有很多(工作应激源、孩子的要求、性差异和其他冲突),我们也能发现关系满意度低与生理健康不佳、心理健康状况不佳和离婚有关。虽然关系满意度低与不忠有关,但不是决定性原因,而是不忠发生的必要非充分条件。这就需要考虑三步模型的下一个元素:权力失衡和分化。

第 4 章

权力失衡：关系中爱的跷跷板

很长时间以来，她都觉得自己是弱势的一方。因为没完成学位，她总觉得自己不如周围人聪明，而她的伴侣是个天才。与他争辩没有意义，因为她总是输家。尤其当争辩的主题是她在意的某些东西时，情况会更糟。她觉得恶心，只是因为想要让事情以她的方式进行，就被指责说孩子气，她真的厌倦了。

上一章中，我们介绍了促成不忠发生的因素之一——关系满意度的重要性。伴侣一方或双方感到关系动力中权力结构不公平，就此协商所产生的摩擦，会导致对关系的不满。据 Gray-Little 等（1996）所述，关系中的权力：

> 通常被理解为影响或控制对方行为的能力，研究者以三种方式来测量权力：根据资源，如形成权力基础的教育或收入水平；根据权力过程，如谈话时间；根据谁有最终发言权，即谁决定问题解决的结局或做出决策。

过去的50年中,有关关系满意度和权力之间的关系的研究得出了几个一致的结果。首先且最重要的是,能够彼此分享权力的关系(或平等主义的关系)与高关系满意度相关性最高。此外,女性占主导的关系的不满意水平似乎高于男性占主导的关系——尽管有证据显示近期的研究结果与此不同(Baucom, Snyder & Gordon, 2009; Gray-Little et al., 1996),这可能有几个原因:对偏爱较"传统"性别角色和分工的伴侣来说,由于经济或其他情况(如妻子是家庭收入的主要来源),伴侣间被迫形成了妻子占主导的关系,伴侣均对这样的状况不满。而且,(在这些关系中)妻子如果觉得丈夫"弱",就可能试图让他更多地承担关系中的责任,来给自己减负。这可能是种被动攻击(给出操纵性的建议)或攻击(抱怨、嘲笑等),而如果这些没有得到回应(或反抗),双方围绕权力问题的不满或张力很可能进一步增加(Gray-Little et al., 1996)。

相比之下,彼此分享权力或持平等主义风格的伴侣有两个主要的优势:首先,他们具备弹性,因而才能分享权力(和责任);其次,面对不一致时他们有一套必要的解决冲突的技能。在非平等主义(等级主义)的伴侣中,大多数的冲突通过对更有权力的人的顺从得以"解决",这导致对方要么默默接受,要么试图削弱或限制权力更大的伴侣(如果想在冲突中获胜)——都会导致更多的不满意。与等级主义伴侣相比,平等主义的伴侣没有负面行为(牢骚、抱怨或轻视)和限制性行为,却有更多建立共识的行为。那么,在权力失衡的伴侣身上发生了什么,这种失衡又是怎么促成不忠的呢?为此,我们需要回到童年,找一个恰当的隐喻。

关系跷跷板：权力失衡

还记得孩提时玩的跷跷板吗，你觉得什么时候最有意思？我打赌，肯定是你和对方轮流上下起降的时候。然而，要做到这一点，你们俩身材和体重必须（大致）相等，那样双方在低点的时候才能蹬离地面。

现在想象一下没那么有趣的时候——很可能是一直待在原地、被困在上面或被困在下面。发生这种情况，常常是因为跟你玩跷跷板的人比你重（你被困在上面）或者比你轻（你被困在下面）。如果被困在下面，你很可能会感到被占了便宜，必须全靠自己（如使劲蹬腿）才能离开地面。如果被困在上面，你可能会喜欢高处的风景，也可能因悬在高空而没有能力下来而被吓到，即使跷跷板动了，也是因为对方蹬离地面才动的。更重要的是，你发现要完全依靠另一方才能降到地面上！如果那个人一直坐在他的位置上，你就动不了；或如果对方突然离开，你还会猛地落回地面。不管哪种情况，当被困在上面时，你会意识到（最终）只能任对方摆布！这种玩法没意思，不公平得让人郁闷，甚至可能是危险的。

伴侣关系的权力问题和跷跷板在本质上是相同的。我们为了理解谁更有权力，通常会考察决定是如何做出的，在关系的不同情境中（如消费、家务、养育问题）谁是"领导"，谁负责关系中的事情或管理家庭并为之承担责任。如果是持较为平等主义的伴侣，那么权力是均摊的，每个人拥有对事情"公平份额"的责任及平等的决策权威——这常根据个体长处来划分。于是关系中形成交替的"跷跷板"动力，每个人（根据情况）要么在上（"负责"）要么在下（"跟从"）。平等主义关系中，"在哪里"不重要，重要的是感到自己可以对对方有影响（不管在上还是在下）。这意味着，没有人会因为要做所有的决定或承担所有的责任而负担过重，也没有人会永远没有权力、对关系没有投入。

然而，当权力分布不均（如在等级关系中）时，关系中的动力可能产生张力。比如，一个人若是"在下"，可能总是要负责维持关系（比如安排活动）或做更多的琐事，比如家务、账单和养育孩子；而另一个人"在上"，好像可以"超越一切"——伴侣则很快就会不满。在下方的人，往往认为"如果我不做，事儿就成不了"。有时，他们被（他人）看作"控制狂"。他们往往对自己和生活有很高的期待，因此无法妥协。他们往往会希望对方分担一些他们在做的事情，但当事情没做"对"时，他们又会回过头来批评对方。这会使得对方得出结论——最好不要去尝试，毕竟抱怨总比批评好。

"在上"的伴侣可能看似有一些好处（不需要做决定，更自由），但实际上付出了丧失关系中的权力的代价。他们在另一半的眼中会越来越不重要，最终变得无力或无能。同时，"在下"的人可能感到压力或负担（要负责并操劳所有的事情）。虽然他们能够"走自己的路"，并成功让事情符合自己的所需所求——这可能是个好处——但当他们觉得什么事都要靠自己，也会变得有些挫败，这都会逐渐带来不满。关键的矛盾在于，在下的人会开始发觉原来在上的人才是有权力的那一个。

有意思的是，某人是否真的总"在上"或"在下"并不重要，最重要的是对失衡的感知。这是相对的，某人可能感到自己在下（比如"养家糊口的人做了所有的事"），对方却可能觉得其"在上"（有经济地位就有指挥权）。不管到底是在上还是在下，共同的感觉都是无能为力。人如果长期感到无能为力，就会真的认为自己无能为力。两种失衡对关系来说都是很大压力。

感到无能为力、关系失去了平衡的人会尝试用某种方式重新平衡关系。回到"跷跷板"的比喻，人们可以通过增重或减重来平衡。对伴侣来说，可以在关系争端中增加第三者（见表4.1）。例如，如果伴侣一方是家庭收入主要来源并负责制定所有的经济决策，另一方可能会试着向家人和朋友寻求情感支持来重新平衡权力分化。另一种平衡失衡的方式是"去"重量，通常指脱离关系，转向嗜好、工作甚至酒精或药物。这两种方法都旨在使对方认识到他们觉察到的关系失衡或不公平。然而，这常会带来更多的不满，并（除非有一些专业干预）导致关系更疏远，或变得更僵化、更根深蒂固。

表4.1　导致权力失衡的情况和主题

权力失衡的常见原因：
　　工作
　　生育孩子
　　钱
　　性
　　新增的家庭成员
　　宗教/信仰
　　（家庭）劳动分工
　　对性别的看法
　　物质滥用

使权力失衡变得更复杂或恶化的情况：
　　经济/失业
　　新生儿
　　双职工的问题
　　照顾年迈父母

卡特和珍妮特

卡特（40岁）和珍妮特（39岁）结婚17年了。他们在珍妮特大学一年级时相遇，大学四年级时结婚。他们过了一段苦日子，但依然决定如果有了孩子，珍妮特会留在家里养育他们。夫妻双方有共同的信仰，在教堂中非常活跃，还成了教会的领导者。卡特的事业非常成功，为一家大公司管理数个生产工厂，还屡屡升职。升职后，需要管理的海内外工厂更多了，他虽不喜欢离家太久，却将其合理化为"能给家人提供舒适的生活"。

与此同时，珍妮特把大量精力投入家庭，他们在6年里有了4个孩子。卡特逐渐感觉自己在家里被越来越边缘化，在旅途中越来越孤独。他开始更频繁地喝酒，这让珍妮特很困扰（她的父亲是个酒鬼，而且喝酒违背了她的宗教信仰），也给他们的关系带来压力，双方都觉得对方在故意伤害自己。在一次滑雪时意外伤到膝盖后，卡特还开始滥用处方药——珍妮特认为他是在滥用，但卡特认为自己需要这些药物来止疼。

卡特开始在出差途中发展"一夜情"，珍妮特也起了疑心，却因害怕了解真相、面对问题、破坏她心目中的家庭而不愿正面提起。约18个月之前，卡特持续出现低热，晚上达到顶峰，早上消退。他常感到全身都疼，要服用止痛药来减轻症状。就诊结果确认他得了艾滋病，而他花了3个月的时间才鼓起勇气告诉珍妮特这一结果。

最初，珍妮特的反应是害怕。她担忧自己和孩子的健康，对卡特的牙刷、餐具和眼镜十分在意，把它们放在一个单独的橱柜里，并告诫孩子不要碰。她没有告诉任何家人，也很害怕教区的人会知道这件事并排斥他们。她觉得自己在教堂的地位和在他人心中的"正常家庭"的形象是仅有的东西了，失去它们等同于一场灾难。珍妮特和孩子们也去做了检查，结果都是阴性。舒了一口气后，她开始感到害怕和愤怒。她一度甚至说，"我希望他能告诉我，得艾滋病是由于使用毒品（如注射海洛因），而不是和妓女上床。"

她对卡特表现得既冷淡又愤怒。最初她拒绝他和自己（孩子也一起）睡在一个房间，但又担心这可能带来"别人的质疑"。她开始和卡特同床睡，但拒绝任何亲密的举动。卡特感到在家庭中更加孤单和孤立，对自己的行为充满内疚，变得抑郁并计划自杀。他拼命想要从珍妮特处获得情感，却总是被无视。尽管卡特现在身体健康并在接受治疗，珍妮特却常表示担心未来得独自养育孩子。

从系统的视角来看，权力失衡成了伴侣系统的锚点，其动力让伴侣卡在了他们各自的"跷跷板"处境中。这成了常态，保持平衡的力量试图把关系"定"在固定的状态。我们可以用家庭、孩子和其他"重量"来抵消差异，但系统最终还是会设法保持稳态。据 Napier 所述：

> 在共同生活的表面下，两个人想要更充分地活着，却受困于不断增长的绝望和徒劳感。可能只有一方意识到了不满，但我认为双方都感受到了这种绝望："我们要做什么才能摆脱这种苦恼？"……不忠前，双方通常已经通过其他方式背叛了彼此。随着两人的疏远，妻子与女儿的关系更加亲密，还把时间消耗在健身房；丈夫则忙着陪伴寡居的母亲，并工作到很晚才回家。双方一方面远离了彼此，一方面又希望对方注

意到这点并挽回自己；他们常常迫切地想要听到对方表示想念和渴望。双方在不忠的混乱和指责中，忽略了这些"不忠前"的行为。不过，治疗师也不会在治疗早期就指出被不忠方这种隐性的不忠。

因此，关系被困住了，动力非常僵化，只有让对方感到不舒服，才会有所改变。不忠是重新平衡权力的终极尝试之一，对卡特和珍妮特来说，卡特感到无助，而珍妮特掌握了所有的权力。卡特通过不忠来重新平衡权力（"我要让你看到我！"），结果适得其反。现在他感到永久地处于"下风"，如果可以，他会拼命改变这种状况。

约翰·爱德华

2006年2月，随着瑞丽·亨特向约翰·爱德华的表白，一段影响深远的关系开始了。彼时，这位北卡罗来纳州的在任参议员正准备于2008年竞选美国总统。据报道，瑞丽·亨特和一位朋友在曼哈顿丽晶酒店的休息厅看到了他，她不敢相信眼前这个男人是前副总统候选人和参议员，所以她和朋友走过去向爱德华的朋友求证。瑞丽表示："我觉得2004年（当时约翰是民主党副总统候选人）时在电视上看到的约翰·爱德华是一个毫无逻辑、纸上谈兵的家伙。但现在坐在屋子另一边的那个男人完全颠覆了我的印象（Depaulo, 2010）。"

她留下了名片，上面印着"瑞丽·亨特，存在即自由"。据她所述，当晚她被安排去他的房间和他见面，表面上的说辞是为约翰在媒体形象上"提供帮助"，其实他们发生了性关系。那时，约翰的妻子伊丽莎白正在和乳腺癌搏斗（尽管那时候是缓解期）——他们结婚30年了。

由于坚持抗癌，约翰的妻子还成了大众眼中的英雄。这场不忠的结局是，约翰·爱德华失去了竞选更高职位的机会，与亨特生育了一个孩子，饱受大众羞辱和中伤（因为他在妻子为生命而战时背叛了她）。

我们已经知道，即使是最明摆着的不忠，也不是非黑即白的，有多个因素在起作用。约翰夫妇的婚姻历程不光经历了伊丽莎白的癌症，还经历了16岁的大儿子因故去世。伊丽莎白是一名才华横溢的律师，但在儿子死后放弃了自己的职业生涯。据传，她觉得约翰的智商不如自己——她出生于军人家庭，父亲是一名海军飞行员，而约翰的父亲是一名纺织工人。他俩在法律学校相遇，很快就于1977年结婚。据报道，她会称他为"乡下人"，还会公开和其他人说约翰的家人是"乡巴佬"。还有些报道称，她虽是一位忠诚的妻子、精明的政治顾问，有时却令人生畏，时常拿丈夫出气。每当伊丽莎白心烦时，约翰就会努力安抚或回避她。

对约翰来说，情况在2004年开始发生变化，那年他开始竞选总统，而后当选副总统。据许多助手所述，他开始渴望伴随高位而来的关注及精英光环（安保人员、私人飞机、他人的谄媚），这些"泡影"满足了他的自我。他在美国参议院任职的时间虽不足一个任期，却真的觉得自己可能成为继任总统。2006年起，约翰经常要出差以筹备总统竞选所必要的捐款和人员。据报道，他不在家的时间比以前更长，并以此来回避伊丽莎白。瑞丽和约翰继续保持会面，2006年4月她说服约翰雇她当录像制作人，录制系列网络纪录片"幕后"——这让他们可以免受任何人质疑地待在一起。2006年12月28日，约翰宣布参加总统竞选。两天后，伊丽莎白发现了约翰用来与瑞丽保持联系的私人手机，于是他只能承认了这场不忠，不过说这只是一场"一夜情"，关系并没有继续。

实际上，不忠关系一直在继续。2007年3月，伊丽莎白的癌症复发了，而且这次"无法治愈"。尽管如此，伊丽莎白还是坚持让约翰继续竞选。同时，瑞丽也继续和约翰在一起。2007年5月，瑞丽怀上了他们的女儿，约翰却否认与其有父女关系或任何牵连。在2008年一次初选中表现不佳后，约翰退出了总统竞选。2008年7月，一家杂志爆料并爆出照片，声称约翰在比佛利山酒店秘密会见瑞丽母女。8月上旬，约翰接受ABC新闻的采访，承认了自己的不忠（尽管直到2010年才公开承认自己作为父亲的身份）。

在2008年8月8日的采访中，约翰就不忠及原因讲述了他的想法：

> 事情就是这样，而且我想同样的事情也经常不幸地发生在别人身上……这与自我有关，自我聚焦，自我重要性。唉……1996年……1996年4月，我的儿子去世的时候，我被击垮了，但后来又因竞选参议院并当选参议员振作起来——因为那些谄媚、尊重、赞美。后来，我作为一名参议员——一名年轻的参议员——被提名为副总统候选人，成了全国公众人物。这满足了我的自我聚焦、自我中心和自恋，使我相信自己能做到任何想做的事，相信自己是不可战胜的，而且相信无论我做什么事情都不会有不好的后果。这与真相相去甚远。

在约翰承认自己作为瑞丽女儿父亲的身份后，约翰夫妇于2010年1月分开。2010年12月，伊丽莎白死于转移性乳腺癌，留下了两本与自己丈夫不忠相关的书。2012年，瑞丽也写下了她对不忠的记叙，表示已经和约翰分手了。2016年，瑞丽接受了另一个采访，透露出自己和约翰直到2015年一直有联系的事实，但现在只是在共同抚养孩子。她说："每个人都评价说'他失去了所有'，但是你要知道，生活没有结束，他发生了惊人的转变。谁知道会发生什么呢。"约翰没有再就这段关系发表任何公开声明，他回到了和姐姐一起创立的律师事务所工作。

不忠如何重新平衡关系的跷跷板

约翰的案例里有一些突出的元素，权力的感知可能是其中最有意思的。一方面约翰是一名参议员以及副总统和总统候选人，这可能意味着他在关系中有很大的权力。但从报道来看，事实可能正相反。尤其是关于约翰要安抚或回避妻子的描述，以及约翰对他人的谄媚的需要，都是他感知到权力失衡的证据。根据 Brown 的分类学，这看来最像分裂自我型不忠和/或回避冲突型不忠。据 Napier（2007）所述：

> 大多数的不忠似乎是伴侣未能成长和改变的产物。不忠发生前，伴侣间有一种无处不在的、了无生气的、停滞的感受。他们不断地重蹈覆辙，觉得关系平淡、厌倦和无趣，像是彼此断开联结，飘浮在空中。沟通似乎总是没有结果，无法采取行动解决问题。一方或双方的无望感日益增强，简直像要死于婚姻中，缺乏"情感氧气"。

实际上，这描述了一个过程——权力失衡倾向于把系统"锁"在一个固定的互动循环中，在这种情况下，不忠是重新平衡或至少是把潜在的问题明朗化的一种尝试。在约翰的案例中，由于夫妻各自的家庭背景和妻子对此的评论，约翰感到（或有人使约翰感到）自己不如伊丽莎白。可能原本他就认为，平衡他们关系的唯一方法就是自己获得成功。他成了一名成功（和富有）的诉讼律师，接着成为一名参议员，再之后是最高权力位置候选人，但这样可能还是不够。最终，不忠成了重新平衡关系跷跷板的方式。

权力能影响另一个人的行动。如果个体发觉自己无法影响另一半，不论是通过"软的"（建议，意见等）还是"硬的"手段，关系的状态就会变得不稳定，难以继续维系（Baucom et al., 2009）。如果伴侣已经尝试互相影响但失败了，尤其是如果一方发觉另一方利用了关系外的某些东西（孩子、家庭、工作）来给自己"增加砝码"，就有很大的可能用不忠来重新平衡关系。

回到第3章中杰瑞米和布瑞妮的案例。布瑞妮想让杰瑞米修理房子，而不忠是杰瑞米重新平衡关系跷跷板的尝试。同时，布瑞妮感到被杰瑞米摆布——总是得向他要钱并依靠他来获得资源（和情感）。她明确感觉到自己是卡在空中的那一个。矛盾的是，杰瑞米感到他也处于同样的位置。

原生家庭的动力与权力失衡

伴侣把对权力和角色的理解带入关系，这些理解的来源之一是原生家庭。父母的权力分享模型对个体如何处理关系中的权力问题可能有巨大影响。如果原生家庭由母亲主导，伴侣对当前关系可能会有由女性主导的期待，或如果原生家庭更多是男性主导，同样可能有相似的期待。伴侣也可能会积极尝试按与原生家庭相反的方式与对方互动，成长于父权家庭的伴侣可能不想在自己的关系中也是如此，由于希望避免变成父母那样的关系，他们可能外显地或内隐地让对方承担主导的角色。当伴侣没有表明这些需要或将之投射到对方身上，关系就会发生问题——可能出现胁迫和控制，这会产生其他有问题的动力，如需求/退缩的互动。

当伴侣一方接近对方（通常带着挫败）并通过批评、唠叨或抱怨以要求改变，而对方通过从讨论中彻底退出以回避要求时，就发生了需求/退缩互动模式（Christensen，1988）。较高的需求/退缩互动模式发生率与较低水平的关系满意度有关（Baucom et al.，2009；Eldridge & Christensen，2002）。Napier（2007）在对这一模式的观察中指出：

> 在这种刻板的支配-顺从模式中，处于低位的伴侣不光有更多的权力，还在某种程度上伺机观察对方的弱点。这就像每个人只能看到对方的一部分，而不忠让双方展现了其隐藏的一面。双方似乎是通过不忠来成为更完整的人，并更清晰地看到对方。

思考下面的案例，其中伴侣的互动模式与各自原生家庭的动力交织在一起，为不忠创造了条件。

玛丽亚和吉姆

玛丽亚和吉姆结婚30年了。她在约2个月之前产生了所谓的"顿悟",意识到如果继续和吉姆在一起,自己的余生都会很痛苦。她意识到丈夫吉姆固执又强势——"就像我的母亲!"

玛丽亚开始和牙医在一起,她去牙医那里就诊已经好几年了,平时就会和他打情骂俏。她和牙医约会,虽然不排斥和他发生性关系,实际却没这样做,她说:"他接吻的技术相当差劲。"在一次和吉姆的激烈争吵后,玛丽亚承认曾经自己想要对他不忠,而且觉得不再爱他了。吉姆一反常态,整个人都崩溃了,变得很消沉。他乞求玛丽亚不要离开,甚至威胁要自杀。于是,他们决定来寻求治疗。

玛丽亚是委内瑞拉裔第二代移民,虽然她把父亲描述为很受尊重的"一家之主",但家庭中真正的"掌权者"是她的母亲。母亲支配所有的人和事,任何不听话的人都会受到惩罚。玛丽亚努力取悦母亲,但似乎从来没有成功过。她是一名非常优秀的学生,有很高的科学天赋。她想去上医学院,但受到父亲的极力劝阻,母亲也不予支持。父亲认为女性不可能完成医学院的学习,说她是在浪费时间。在大学期间她变得很叛逆,而且交了很多男朋友——这是她第一次感到自由、自主。她在大学里遇见了吉姆,并爱上了他,即使最开始他拒绝了她。

而就吉姆的原生家庭而言,母亲没有给他保护,父亲则既强大又聪明。吉姆家很富裕,是做制造生意的,后来父亲将产业出售了,所得的收益作为基金留给他的孩子们。这意味着吉姆不需要工作就能过上舒适的生活(尽管不是特别富有)。吉姆的智商很高,但情商不高。吉

第 4 章　权力失衡：关系中爱的跷跷板 · 81

> 姆的母亲事事都有条不紊，所以他一直觉得"混乱是不好的"。每当玛丽亚变得情绪化时，尤其是她的所谓"拉丁脾气"爆发时，吉姆会设法让她平静下来——常常通过贬低她或想办法让她闭嘴来达到这个目的。吉姆觉得，随着时间过去，他渐渐地总是"感到孤单"，觉得自己不讨别人喜欢。玛丽亚的这段婚外关系也引发了他的这些感受，让他觉得"我是混蛋，我不配得到爱"。

这个案例中，影响关系的动力显而易见。玛丽亚有一个专横的父亲，她嫁给了一个从强势的父亲那里继承了钱和权力，并也变得强势的男人。玛丽亚是一个"讨好者"，而吉姆想要控制和秩序。吉姆是情感疏远型的，并且随着年龄增加而更加明显。于是，玛丽亚越尝试讨好吉姆，越不可能成功。正如她痛苦而挫败的母亲，玛丽亚对吉姆也采用了相似的姿态，不忠（即使是无性的）成了她表达这些挫败并试图平衡权力的工具。她在儿子长大并搬出去之后重拾学业，却由于缺乏经验、课业（没有得到合理的指导）失败，没能达到想要的专业水平，她为此很是挫败。吉姆没有支持她，还当面嘲笑——"因为我很嫉妒，我没有事业（也不需要有），感到自己很没用。我看到她在取得成就，因此感到很羞愧。"同时，他感到自己远不是父亲那样的男人。这让他产生了极度矛盾的反应，因为他既"不想成为父亲那样的男人"，又认为自己是软弱和失败的（这是父亲临死前给他的评价）。Napier（2007）似乎很理解原生家庭的影响：

> 缺乏处理情绪问题的勇气是许多婚姻的常见特征。虽然伴侣可能在生活的其他方面是勇敢的，却在"近身遭遇战"中

变得胆怯——通常源于童年时长期的害怕和焦虑。不忠挑明了婚姻中的问题，迫使双方直接面对。如果一方过于"忘我"地试图取悦对方，这种服从和适应的策略最终会让对方先以不尊重的态度对待，后感到愤怒。"站起来，像个人样！"——不忠方大喊。

就"跷跷板"的隐喻而言，如果关系糟糕到了出现不忠的地步，双方都会感觉自己是"在下"的那一个，在以某种方式为对方牺牲。

作为三角化的不忠

Bowen（1978）最初将三角定义为最容易平衡和容纳情绪化的单元。在本章中，形成三角是关系重新平衡"跷跷板"的一种方式。伴侣一方可能通过主动卷入家庭的另一代，如孩子或姻亲，来试图改变关系的动力。例如，一方与家庭另一代的一名成员形成联盟，来应对曾是另一方承担的责任。被排除在联盟外的一方很可能是功能缺失的，而联盟中的一方受到另一代赋权而功能过度。不忠作为重新平衡觉察到的失衡的一种尝试，将另一个人三角化到伴侣的动力中。像任何三角或联盟一样，这终会导致关系中的不满和憎恨（Sperry & Peluso，2018）。

三角化还发生在伴侣治疗的情境中。如 Napier 指出的，"专业的治疗难以与充满性气氛的不忠相抗衡"（p.298）。治疗师应避免与一方或另一方结盟（支持专横伴侣中的"受害者"或风流伴侣中的"受害者"）。他为伴侣治疗师提供以下建议：

我认为多数不忠方都体会到了他们在拒绝对方的拒绝

第4章 权力失衡：关系中爱的跷跷板

（霸凌或某种意义上的虐待），他们行为的内部合理化是一种破坏性授权。当然，治疗早期，"受害者"正承受更直接的拒绝所带来的创伤，指出这一点不仅适得其反，也会带来伤害。

请看下面的案例。

亚当和马尔蒂娜

来接受伴侣治疗时，亚当和马尔蒂娜已经结婚15年了。亚当（43岁）由于自己的疑心病而提出治疗的需求，他觉得妻子（39岁）花了太多时间去教堂协助最近鳏居的牧师。亚当抱怨马尔蒂娜"没有花时间和我在一起"，她"正忽视对两个孩子的责任"。马尔蒂娜反对亚当的指责，说她一直在抱怨亚当自结婚以来的冷淡，并数次尝试让他接受治疗，结果只换来他指责自己才是"那个有问题的人"。她辩称亚当因为她的"神职"而嫉妒，这意味着亚当每周至少有一天晚上要负责照顾孩子（吃饭，睡觉等）。亚当则控诉情况已经变成"你每周有三天在教堂那里，其他时候还有无数短信和电话！"。

马尔蒂娜否认与牧师有不忠关系，但承认她享受牧师"像正常人那样对待我，而不是把我当作女仆"。马尔蒂娜说亚当最近很烦躁，还常常骂人——起因是她没时间去干洗店取他的衬衣，他们为此吵了很长时间，亚当还指控她不忠。实际上，最初亚当被马尔蒂娜吸引，是因为她很性感而且他们的"性生活很棒"。马尔蒂娜在亚当职业生涯早期给了他很大帮助，现在亚当的工作很成功，这使得马尔蒂娜可以在家养育孩子，不用外出工作。亚当期望马尔蒂娜能永远在家照料这些他无暇做，也不想做的事情，让他能集中精力在事业上。"当我需要你的帮助时，你却不愿提供了。"最初马尔蒂娜被亚当非常自信的样子吸引，现在她则憎恨他对她所关心的事物的冷漠态度，憎恨他只顾自己的生活方式和强势的行为。

现在我们看一下他们具体的交流：

马尔蒂娜："为什么你在这件事上不信任我，或约翰牧师？"

亚当："我确实很难信任他人。每次表达感受都会让我觉得自己很愚蠢。我会被人嘲笑，这太伤人了。而如果我让他们不要笑我，事情还会变得更糟。当我长大一些了，每当分享深层的东西或自己的思考时，我就会感到很紧张，像是'噢，现在有人知道我的想法了。他们会告诉谁？别人会怎么想我？我说得太多了'。我曾希望我的伴侣会是我能敞开心扉的对象，开始时我这么认为，也敞开心扉了。但随着时间的推移，你对我感到失望，或者拼命告诉我（或让我感觉到）我是错的。我永远不可能让你知道可能我没错，是你错了，你从不让步。所以我停止敞开心扉了。我不知道具体是什么时候，但我停止了。"

马尔蒂娜："我想要的不过就是你对我敞开心扉，跟我说话。"

亚当："但我不认为你想要听我说话。你不赞同我，所以我感觉自己何苦呢，这样做只会导致更多无意义的冲突。"

马尔蒂娜："有时你是那么疏远，那么冷酷。"

亚当："我知道，但我认为我只是在保护自己。我希望我不是这样的人，但是随着年龄的增长，我意识到我就是不再信任任何人了。这很悲哀，却是真的。"

马尔蒂娜："也包括我？"

亚当："是的。"

马尔蒂娜："是什么让你产生不能信任我的想法的？"

第4章 权力失衡：关系中爱的跷跷板

> 亚当："你需要我的时候，我会在你身边。但当我很脆弱并需要你时，你却远远的、冷冷的，不管我。"
>
> 马尔蒂娜："比如什么时候？"
>
> 亚当："好吧，那就拿我们都生病的时候举例。我总是尽力去照顾你，我会尽量保持环境安静，给你拿药、食物和水，我会不时查看你的状况。而你呢？当我病的时候，你看我的表情总是鄙视甚至厌恶的，好像我在装病或是无病呻吟。你没有善待我，没有尽力让我感觉好一些。我主动为你做事，但你并没有回报我。你让我感到自己不受欢迎，我不应该来麻烦你。而这让我想：'噢，如果这是我感冒时她对待我的方式，当我真的需要她时会是什么样子？'同时，我还看到了当约翰需要你时，你是怎么一接到消息就马上行动的。你让我能怎么想？"

在上述案例中，权力天平向亚当倾斜。他在跷跷板的"下方"，而马尔蒂娜感到被忽视和拒绝。双方都不满意，又似乎无法打破僵局。尽管亚当对关系中的性不满意，但可以维持现状。而权力失衡对马尔蒂娜来说变得不能忍受，一个可能的"出路"出现了——宗教活动。她开始发展独立于亚当的兴趣，这迫使亚当体会到她原来承担的担子，而她开始感受到亚当拥有的"自由"（即关系中的权力）。约翰牧师近来鳏居（使他可能成为更理想的替代）的这一混杂因素，让亚当突然更脆弱了。在这个案例中，我们没法评价马尔蒂娜和牧师的关系是否不正当或是否能被定义为性关系，也没法确认马尔蒂娜是否为了约翰牧师离开了亚当，但关系本身（以及马尔蒂娜对约翰牧师的注意让她忽视了亚当）足以让亚当说出他对于信任的不安全感。

让我们看一下来自新闻头条的政界的案例。

州长艾略特·斯皮策

2008年3月,《纽约时报》(New York Times)的一篇报道曝光了时任纽约州长的艾略特·斯皮策的召妓丑闻。据报道,他多次召妓(多达20次)并为此花费了近10万美元。新闻曝光后,他被迫辞去了州长职务。

他与希尔达·华尔结婚超过25年了,后者是一名成功的律师。他们有三个女儿。华尔告诉朋友,她名字的含义是"德国女战士",而人们都说华尔是一个"从不犯错"的人,做事情喜欢追求完美。她曾经鼓励斯皮策不要放弃,要为政治生涯而努力,而她为丈夫的性不忠自责:"某种程度上,这是我的错。妻子应该为性生活负责。这是我的失败,我做得不够好。"为了支持斯皮策的政治抱负(先是竞选纽约总检察长,然后是州长),她已经放弃了自己的事业。另有报道称,州长一职给他们的关系带来了压力,并可能"扭转了局势"。

丑闻发生几年后,华尔再次发现斯皮策在和丽兹·史密斯(曾经于2013年为斯皮策的政治竞选工作)约会,并和他离婚了。斯皮策把史密斯称为"我一生的挚爱"。然而2016年,一名俄罗斯妓女公开敲诈斯皮策,威胁要曝光他们关系的细节,于是后来斯皮策和史密斯也分手了。

根据Brown的分类学,艾略特·斯皮策的案例要么是属于性瘾型不忠,要么是属于分裂自我型不忠。就关系的权力动力而言,艾略特·斯皮策娶了一位聪明有才的女性,后者在竞选中帮了他,但可能不会"向他妥协",或让他感到她有些强大得过头。妻子希尔达的言论也耐人寻味，她会因关系的失败而自责。Brown（2001）文中举的例子似乎说的正是她：

> 分裂自我型不忠中的女性认为，如果婚姻出现问题，是由于她做了或没做某事……（她）沉迷于努力让家庭符合自己心中认为的、家庭应有的样子（性瘾者的妻子更在意保持公众形象，然后才是关于家庭的意象）。她认为自己是引导家庭的关键，如果丈夫没有一起努力，她会尝试弥补他的缺席。尽管想要丈夫参与，但她的关注点主要是为孩子创造合适的家庭意象。她把自己看成主要的家长和家庭成员的主要照料者。

当思考艾略特·斯皮策的困境和他对婚姻的感受时，Napier似乎描述的也正是他：

> 通常，不忠方会感到在婚姻中是被支配的，处于下风。他或她可能曾经尝试与对方抗衡，但没能成功，于是最终放弃了。不忠方感到脆弱、不被理解和看见；而不忠是饱含愤怒的尝试，不仅可以伤害对方，也能在关系中获得更多权力。尽管不忠是在秘密和欺骗中进行的，但最终总会暴露，成为对对方有效的一击。

结论

当然，虽然不忠能让人注意到关系中权力失衡的这一潜在问题，但通常有很大代价。某种程度上，不忠解决了原本关系中的权力失衡，但在一开始"逍遥自在"的不忠常常很快会变成负担，婚姻似乎又变成"理想的"（不忠方开始后悔："看我做了什么啊！"）了。随着第三者开始提出要求或侵入日常生活，不忠的"乐趣"和"自由"染上了悔恨和内疚的色彩。对情人的理想化可能开始破裂："我已经毁了我的婚姻和家庭，而现在我的情人变得像另一个妻子（或丈夫）"（Napier，2007）。权力失衡要么源于原生家庭的动力，要么源于生活环境，而当它们变得根深蒂固、僵化不变——伴侣一方最终总是卡在跷跷板上——个体就必须要做点什么来重新平衡。重新平衡的方式可能有很多，并不总是导致不忠的结局；然而，当关系僵化到一定程度，不忠可能成为平衡关系的一个重要方法。

因此，权力失衡在关系满意度和不忠的发生中都起了重要作用，但仅仅权力失衡不足以导致不忠。权力失衡是不忠的必要非充分条件，它们给不忠提供燃料，但还没有火引，这需要第三个元素——梦想成空，对关系的幻想破灭和愿望落空。

第 5 章

梦想成空，幻想破灭，愿望落空及不忠之门的开启

在关系的开始，一切是那么自然而然。爱侣心有灵犀，从没有冲突和争吵，生活和睦美满。他们喜欢待在一起，无论是谈论深刻有意义的主题还是随意闲聊，都能给彼此无尽的快乐。他们发现对方是自己一直渴求的挚友，会成为生命中最重要的人。他们不可能会不快乐或不自在。

实际上每段恋爱关系都开始于这样的期许——找到了可以与之分享生命的对象，能让你感到自己是特别的、重要的和有价值的。然而，每段关系还有一系列更深层的期待——关于恋爱对象"应该如何"的幻想或梦想。多数时候，这些期待是未言明的和未经审视的。也就是说，多数人其实并不清楚想从对方那里得到什么，只有当他们真正"看到"时才知道。这是种心照不宣的契约或"交易"。但如果对方没能满足这些幻想和期望，伴侣能清晰地感觉到。最重要的是，它是凝聚关系的黏合剂，当它消失了，关系也随之而去。

梦想、幻想或愿望是什么？

有些交易或契约是关于保护和安全的（例如"如果我满足了你的需要，你就会保护我并让我感到安全"或"如果你满足了我的需要，我就会让你感到自己很特别"）。有些交易很有趣，源于青少年晚期的快乐（如性满足），而有些则很严肃，源于童年创伤（例如家人物质滥用、性虐待史、离婚的父母等）。有些交易可能是关于寻求兴奋和乐趣，或单纯为了避免无聊。年轻伴侣尤为如此，他们习惯于在纸醉金迷处纵情享乐，只有在有了孩子和工作后才不得不改变。有的交易可能是关于"服务"某人（例如"如果你让我帮助你，那我就会给你想要的"）或疗愈过去的伤害或虐待（原生家庭或早期爱情关系中）——对于说"我总是选错人"的人尤为如此，他或她可能做了这样一笔交易——"我希望你照顾或养育我"，而对方如果拒绝或对他或她的作威作福表示不满，就违背了交易条款。

如何分享、分配或使用权力，可能常取决于这些隐性的幻想或梦想。例如，有些交易可能是关于"让我来做主或不要用小事来烦我"的，这种情况下，权力失衡很明显。一方选择了清晰的"成人"角色，另一方选择了"孩子"角色。如上章提到的，一段时间之后，当一方不再想当"做主"的人，或另一方厌恶了永远不能做决策或对伴侣的行动有所置喙，问题就出现了。届时，关系产生张力，可能会爆发公开冲突或成为隐恨。最终，他们会感到需要重新分配权力，系统就会变成非稳态的（根据不同情况临时做出反应）。

伴侣系统中这些关系"交易"的效力

这些"交易"——有关伴侣一方会为对方做什么的梦想——是有效力的，伴侣期望它能永远持续，但终究只是妄想。生活经历会改变一个人，旧想法也肯定会变化。随着孩子到来、健康问题、家庭成员的生病和死亡，失望会随之而来，伴侣承担了新的责任，也必须要重新协商之前的"交易"。当重新协商是以沉默的、不加讨论的方式进行时，就会产生问题。有时，重新协商也是在对生活变化做出反应（个体的新角色，健康问题，性驱力降低，等等）。

这些变化会影响关系系统，表现为权力的失衡和婚姻满意度的下降。此时，个体会产生深深的失望和伤痛，感觉对方"违反了"原始的交易条款。交易、梦想和幻想是个体身份认同的核心关键，对幸福感有重要影响。因此，即便在头脑中、在理智上承认"需要"改变，但个体通常还是会感到不满。他们可能有一种被背叛、被"玩弄"或被"骗走"了某物的感觉。他们常会感到似乎已经完全失去了关系中的某些东西，而且也许再也得不到了，虽然这不一定总会发生。当一方有意识或下意识地认为自己再也得不到想要的东西时，过去能忍受的所有事情（满意度的下降、权力的失衡）变得不再能被忍受。这是"最后一根稻草"，是点燃不忠的火花。像任何火引那样，燃尽自己，留下废墟。

不忠，或更具体的"第三者"，保住了交易或"梦想"成真的希望。第三者成了那个真"懂"自己、深刻理解自己的人。从这个角度来说，"情感不忠""网络不忠"或其他无性的不忠，也是和性不忠一样的背叛，是和第三方在自我水平上的联结。这个位置原本大多由伴侣占据，因为伴侣之间曾经达成了"交易"，能够分享私密的想法和感受。

而伴侣一旦觉察交易、幻想或梦想不再可能实现，就开始在情感上将自己"关闭"起来。不幸的是，另一方可能没能意识到这种关闭。这些微妙的变化常常是逐渐发生的，太过细微以至于很难被注意到。人们太专注自己，而没发现对方的改变，也可能受工作压力、孩子需求、对父母或其他家庭成员的责任的干扰。直到一切都太晚了……

通过不忠以实现失落的梦想

对很多人来说，不忠（无论是情感、网络或身体上的）填补了在原本关系中感到的内在和外在水平上的某种缺失。外在水平上，他们可能感到不被看重或不被视为是有价值的，是英雄或是必不可少的。因为不能在原本的关系中实现幻想的角色，不忠就成了替代的方式。他们能扮演终生难忘的、一直梦想扮演的角色，也就是角色实现（role fulfillment）。实现的可能是："我是一个很棒的情人（不会被拒绝）""我是被看重的""我是有能力的""我能让某人感觉很好"。换句话说，个体感到能按一直以来想象的方式来定义自己或做自己。

然而，这还不是全部。不忠能够实现内在的、涉及个人存在核心的幻想。个体由于对关系不满或感到权力失衡，觉得自己承担的工作或家庭义务极其沉重，而不忠能让他们感到如释重负。他们觉得自己在很久以前做的生活选择把自己困住了，没有带来计划中或期望中的生活。他们可能感到光阴虚度，感到幸福的机会溜走了。他们可能认为在关系中自己是不利的一方（例如权力分化），而如果不采取行动，灵魂会慢慢死去。对个人来说，不忠成了与已经（或感到）迷失的自我感重新连接的一种方式。自我实现的感受直击人的核心——这是一种灵魂实现（soul fulfillment）。尽管这种感受稍纵即逝，却常有很大的威力。

州长马克·斯坦福

2009年6月18日，南加利福尼亚州州长马克·斯坦福似乎消失了，工作人员、安保人员甚至他妻子都不知道他的下落。工作人员向媒体编了一个故事，说州长"正在阿帕拉契小径徒步旅游"，因此很难联系到他。2009年6月24日，有人发现马克从阿根廷回到美国。随后，又发现他一直在追求前记者玛丽亚·莎弗。这两人于2001年相遇并成为朋友，2008年，这段关系成了性关系，2009年1月，马克的妻子珍妮发现了一封丈夫写给莎弗的信。那时斯坦福夫妇已经结婚20年了，有4个儿子。马克是一颗冉冉升起的共和党的新星，是共和党州长联盟主席，很多人将其视为心目中的副总统或总统候选人。

马克在公开报道中承认了与莎弗的关系，说他"遇见了灵魂伴侣"。马克说，一开始他就与莎弗"有某种联结"。这与珍妮向《华盛顿邮报》(*Washington Post*) 描述的她与马克的关系形成了鲜明对比："准确地说我俩没有一见钟情，更像是第一眼就能建立起友谊"(Marcus, 2009)。不忠曝光后，有关马克和珍妮关系的相关报道介绍了更多内情，进一步支持了她的这一说法。

珍妮是一位非常成功的女性，来自一个显赫的芝加哥家庭，在遇见马克之前在一家投资公司工作，事业非常成功。马克在1994年二儿子出生后告诉珍妮他想竞选议会，于是珍妮成了丈夫的政治顾问，操持了非常成功的竞选活动。马克承认，在婚姻中他"有数次越过了作为已婚男人不该越过的界线，但从未越过底线"，直到2008年，他与莎弗的关系日益深入。

南加利福尼亚的报纸《国家》(*Nation*) 公布了莎弗和马克之间的

一些邮件（尽管没有被明确证实，但也没被二者否认），这些邮件更清晰地表明了不忠里"分裂自我"的动力。马克在2008年7月10日的邮件中写道：

爱是世界上最稀有的东西，某种程度上我们都心向往之。不是因为我们能得到、给予或成为什么，才能无条件地被爱，只因我们本身……我希望能抛开这种感觉，但这种灵魂伴侣的感觉如此真实……请带着这些酣睡，任我的头脑和我的心用尽全力地呼唤你，你的心、你的身体、你嘴唇和指尖的碰触和与你更深的连接。我爱你。

马克表达了自己内部的分裂——他与莎弗在一起的感受，以及符合他生活"行为准则"的责任感。在不忠曝光后，马克尝试与珍妮和解，但他们最终于2010年离婚。

据报道，马克·斯坦福和玛丽亚·莎弗于2012年订婚，但马克于2014年宣布，由于之前离婚后的法律进程，他们不得不撤销婚约。2013年，马克回到了美国众议院，并于2014年和2016年再次当选。

关于这一案例有几点需要说明。首先，根据Brown的分类学，这显然像是一种分裂自我型不忠，伴侣一方或双方感到自己在努力"保持婚姻看起来应该有的样子"时压抑了自身的一部分。同样值得注意的是，马克承认在遇到玛丽亚·莎弗之前就曾经"越界"，尽管没有越过"底线"，这表明许多不忠不是"突然间就发生的"。从系统动力的角度理解，这是婚姻中的问题为不忠发生创造条件的证据。换句话说，马克很可能觉得妻子没有满足他的需要（可能由于二者分开的时间太久，或者他们有4个孩子）。因此，"越界"可能成为他表达某些感受或拥有某些渴望的体验的方式，但由于所谓的"价值观"，他不能突破那条界线。实际上，马克甚至说自己是一个有原则的人，但他的所作所为却违背了个人准则。就像很多不忠的人一样，即使他们说自己努力按照"准则"或一系列道德和价值观来生活，"梦想"或"幻想"的强大威力和对情感联结的渴望，还是让他们背弃了这些。

那么什么对马克如此有吸引力呢？什么让他（及其他那么多人）冒如此大的风险呢？马克的邮件可能包含了关于这一点最诚实的表述。他承认和莎弗的关系唤醒了某些他心里已经"死亡"的或婚姻里缺失的东西。他感到了一种自由和满足："爱是世界上最稀有的东西，某种程度上我们都心向往之。不是因为我们能得到、给予或成为什么，才能无条件地被爱，只因我们本身。"他承认自己在婚姻中没有感受到这一点。一名政客很容易发现一个事实，即人们对他人的评判和接纳，取决于别人能为自己做些什么。如同其他许多成就斐然的人一样，他们可能觉得想要获得关注，唯一的方式就是为他人服务。这成了最初他们与伴侣"交易"的基石："让我为你服务，不要拒绝我！"然而，对方肯定会有失望的时候，这可能导致情感上的退却，从而形成一个"一方过度完成以期赢回感情"的循环。最终，个体没有获得想要的结果（"不管我做什么，都取悦不了他/她！"），导致这样的想法"我将永远不可能满足对方，也就永远得不到我需要的爱"。这就是不忠之门开启（"也许会出现一个能理解我的新的伴侣"）的时刻，如马克在邮件中指出的，莎弗唤起了一种感受——她是他的"灵魂伴侣"。

但要走到这步是很难的，甚至是极度痛苦的。在马克承认不忠的新闻发布会上，他说："最近5天，我都在哭泣。我致力于让我的心回到正轨。"这是一个更深入的分裂自我型不忠的例子。伴随不忠的是许多的困惑和悲伤，因为有两段关系受了影响：原本的关系（梦想成空之处）和新的关系（有实现的希望，但个体通常没有追求的自由）。在马克·斯坦福的案例中，分裂自我型不忠预示着婚姻的结束和对新关系的追求。但对于其他类型的不忠（回避亲密或回避冲突）而言，我们必须找到哀悼逝去之物的方式，修复关系中的损害并编织一个新的梦想。

总的来说，不忠象征着外在的角色实现和内在的灵魂实现，涉及人们关于"生活应该如何"的梦想和幻想。这并不意味着这些行为没有代价或后果，也不意味着这些感觉会持续（很少会如此）。这是当伴侣感到关系满意度低、权力失衡时，不忠的诱惑如此之大并被践行的原因。在进一步讨论之前，了解这些梦想从何而来、如何发展及伴侣如何就此协商是很重要的。

梦想、幻想或愿望从何而来

为了更彻底地理解驱动关系的梦想、幻想或愿望，了解它们的潜在目的及创造它们的原生家庭内的系统动力是非常重要的。

归属的需要

归属的需要是所有人类所固有的。Baumeister 和 Leary（1995）针对归属需要详尽综述了社会和发展心理学方面的文献，并总结出个体会为了个人健康（如存活）在社会环境中融入他人。归属需要对安全依恋的产生很重要，而与他人的关系及图式动力的发展（如对自己和他人的看法）维持了安全依恋（Mozdzierz et al., 2014a）。有意思的是，他们发现个体的自尊会影响其在社交群体中的行为。高自尊个体不会仅为了满足归属的需要而加入社会群体（或关系），且会出于促进社会群体的渴望而有意为之；低自尊的个体倾向于为了满足归属需要而加入团体（或关系）（Sperry & Peluso, 2018）。

实际上，Baumeister 和 Leary 发现，归属需要不仅足以解释人们为何形成社会联系，也足以解释他们为何避免破坏现存的联系。这些社会联系塑造了一个人审时度势的方式并对正面（通过满足归属需要）和负面情绪的体验至关重要。他们还发现维持亲密关系（不仅是大的社会群体）可以满足归属感的需要，且当剥夺这些关系或关系质量不佳时，个体报告的满意度下降。他们总结，有充分的证据证明，归属需要是人类基本的、普遍的和有力的激励因子。实际上，他们找出了未能满足归属需要的心理后果：

> 很多人遇到的心理困境，是感知到对社会联系的威胁后产生的情绪和行为反应……许多人们前来寻求专业帮助的情绪问题（焦虑、抑郁、悲伤、孤独、关系问题等）都源于归属感的需要未能被满足。此外，个体许多神经症性的、适应不良的、破坏性的行为，似乎是与他人建立或保持关系的孤注一掷的尝试，反映了当自身的归属需要未满足时的全然挫败和无目的性。

因此，爱情关系源于归属的需要，而且是人们为了满足这一需要去归属于伴侣或系统的机制。梦想、幻想或愿望可以满足归属需要，而关系是媒介。而且，如 Baumeister 和 Leary 指出的，当没有或不能满足这一需要时，人们可能出现心理问题（抑郁、焦虑等），也包括关系问题。因此，归属需要对理解满足彼此梦想、幻想或愿望的伴侣的"交易"非常重要。同时，这也有助于解释当交易破裂时——伴侣一方或双方感到梦想、幻想或愿望不会实现——为什么会发生不忠。这是因为归属的需要是如此重要，缺乏归属感让人非常痛苦。

家庭系统动力来源

归属需要如此重要，也是形成关系的原因。个体不同的归属需要产生了满足彼此"交易"的独特动力，那么，这些特定需要从何而来？每个人的幻想、梦想或愿望源自何处？它们通常源于原生家庭中童年早期的经历。有时是从父母一方接收到的信息，例如有些父母可能太过纵容娇惯，把孩子宠坏了，让孩子觉得自己是特殊的，或普适规则对自己不适用。孩子可能觉得自己有特权，每个需要都可以立刻被满足。这可能成为他们带入成年期的预期，又在进入关系时寄之于伴侣。如果对方有互补的梦想、幻想或愿望（"如果我照顾和养育了对方，他会同样对我"），就会非常努力地取悦"认为自己有特权"的伴侣，后者能在交易中获益，并给出回报——回报得是恰当的，且与其需要不冲突。

对于寻求回报的伴侣来说，一开始关系可能没什么问题，但通常他们会逐渐感到不满，不久之后可能就不想再迁就对方所有的突发奇想了。这时，如果"不论何时何地都要满足我的需要"的规则已经是系统稳态设定点的一部分（但"回报"还不是），就会引发系统对改变的反馈（以阻抗的形式）。寻求回报的伴侣可能感到关系系统约束太多或令人不满，导致其停止满足对方关于特权的期望。这会扰动系统，而系统会产生阻抗来保持平衡。如果情况变得不能忍受，一方或双方可能感到"交易"破裂，就会从别处寻找安慰或归属。

有时，这些梦想、幻想和愿望来自原生家庭中未被满足的需要，使得关系变成期望伴侣提供"某些自己一直想要的滋养或养育的方式"。人们会理想化自己将从对方或关系中得到或接受的东西。例如，一方的父母可能是苛求专横的，要是孩子不听话或不合作就收回对他的爱和感情。当孩子长大后，可能想要一个会一直无条件爱他的伴侣，可能不喜欢对自己有很多要求的人。如果他们找到了一个与其互补的伴侣，交易就会很顺利。然而，如果找的伴侣在意"安全"和"不被抛弃"，担忧对方不能满足其需要，就可能会批评对方——这就违反了交易中"无条件的爱"的部分。长此以往，可能让一方或双方对对方能否满足其需要感到失望，这也就是不忠发生的时刻。

到目前为止，我们可以知道对关系的梦想、幻想和愿望与归属需要及原生家庭的动力是相关的。也清楚这些梦想、幻想和愿望会影响个人对伴侣的选择，影响其在交易中协商的内容及在婚姻中的期待，表5.1展示了常见的梦想、幻想和愿望的清单。

表5.1 常见主题清单

请保证我的安全 / 不要伤害我
跟我玩 / 相处得开心
让我感到自己很特别
让我感到有力量
照顾我
让我得到性满足
别烦我 / 别指挥我
别让我负责任 / 别让我做决定
别让我感到孤独
别抛弃我
迎合我的需要
安慰我 / 别让我惊慌
别让我长大

梦想、幻想或愿望如何破灭

每段关系往往都基于某个无言的共识。这是一笔两人之间的交易，为满足未满足的需要，实现未实现的梦想、幻想或愿望，终结源于原生家庭的挫败并帮助人们满足归属的需要。因此，只要有人愿意为之努力，这些梦想、幻想或愿望就不会轻易破灭。然而，若关系中的一方的不满太多了，权力失衡太严重了，自己坚持太久了，就会希望对方能看到他们的付出，能够道歉、承担起应该承担的部分。他们心中会忽然浮现一个可怕的认识、一个黑暗的想法——跟这个人在一起，我永远不可能满足自己最深的需要，愿望永远不会实现，幻想永远不会成为现实，梦想永远不会成真。即使永远等待下去，结果仍不会有什么不同。有时，关系在开始时前途光明，但后来为了应对变化二者重新协商，使得个体旧的关系模式（原生家庭）再次重现。这时，不忠之门开启，伴侣会想办法让自己满意，感觉自己是有力量的并重新平衡"跷跷板"。通过转向他人，他们设法让梦想成真、幻想成为现实、愿望实现。无论背后的原因如何，所有不忠行为（身体的和心理的）都发生在这样的背景下。

比尔和珍妮

比尔43岁，因婚姻问题和妻子珍妮（38岁）前来治疗。夫妇俩已经结婚8年了，有一个3岁的儿子。比尔认为，早期他与珍妮的关系是"有趣和刺激的"。珍妮曾是一家保险公司的经理，而比尔在一家投资经纪公司工作。他们是通过同事认识的，很快对对方有了好感。"她兴趣广泛，我们会出去吃饭或和朋友喝酒。周末时，我们会收拾行囊去山里徒步，或去我们没去过的地方。"比尔说他一直等到自己"准备好"才结婚。"我一直等到彻底享受了单身生活，才安定下来。我一点也没着急。"遇到珍妮时，他感到与她非常合拍："她专注于工作，人也很好。我们遵循座右铭'好好工作，好好玩'。"

比尔觉得他们也没有着急要孩子：

"我们想先过二人世界，做自己想做的事，然后再要孩子。我们知道要孩子之后生活会改变，所以婚后的前5年是二人世界，然后再要孩子。这是我们的共同决定。"

比尔说他们擅于沟通彼此的需要，通常都在一个频道上，即使有不一致的情况，他也知道她是怎么想的。

在珍妮怀孕7个月时情况开始发生变化。她得了先兆子痫，孕期末6周需要卧床休养，而在正常分娩后，她得了非常严重的抑郁，需要住院。

"我很害怕，"比尔说，"她不能起床或照顾自己，也不管儿子。"短期住院后，珍妮接受了药物治疗，情况似乎有所好转。但比尔觉得珍妮变了，她最初的计划是休假3个月然后回去上班，从没考虑过当全职母亲。儿子2个月大时，珍妮说她改变主意了，打算辞职。"我很吃惊，但我想支持她，所以我同意了。"当询问珍妮是否给出解释时，比尔说："她不想讨论这一点。这个话题不能谈。"

比尔的升职使他们能靠一个人的收入生活。"我不怨恨这一点。实际上，我父母就是这样生活的，所以我没多想。"比尔说。他理解在孩子出生第一年前后，珍妮会主要关注儿子，但也承认在家时感到自己像个"电灯泡"。"我努力帮忙，参与照顾孩子，但结果都是失败的，珍妮觉得我怎样努力都做得不够好！"比尔说事关儿子，珍妮尤为挑剔："这可能是最糟的地方！她多次指责我置孩子于危险中！只因为我没有精确地按她做事的方式或她认为应该的方式行事，她简直有病！我真的觉得她阻碍了我和儿子的关系！"

后来比尔和儿子的关系好些了，但和珍妮的关系更差了。"儿子现在处于'爸爸！爸爸！爸爸！'的年纪。我认为儿子成为'小男子汉'的这件事让珍妮感到疯狂。"比尔说。他试着让珍妮歇口气，把儿子带出去一天，但"她甚至都没给朋友打个电话或出去吃个午饭或喝杯咖啡！"当问及他和珍妮的二人世界时，他回应："别提了！她甚至都不想跟我一起出门！"比尔还说，尽管珍妮父母的住处距离他们只有约20分钟的车程，老人却从来没机会跟外孙"过夜"。他们求了珍妮几次，但她开始说他还太小，后来说孩子病了——比尔认为都是借口。

8个月之前，事情到了非解决不可的地步。当时比尔要去一个度假胜地参加重要的商业会议，所有的花费都有人买单。珍妮虽不情愿，但还是同意出席，把孩子留给祖父母照顾。临行前几天，儿子似乎感冒了，珍妮很担心，祖父母于是同意来比尔和珍妮的房子里住（而不是把外孙从"他的家庭环境"带到祖父母家，这会让珍妮担忧）。事情定下来后，比尔很兴奋。他期待这次旅行能让珍妮走出"阴霾"，重燃爱火。然而，真到这一天时，珍妮又拒绝和比尔一起去参加会议了——因为觉得儿子病得太重，她不能离开。比尔认为这是"最后一根稻草"，他和珍妮大吵一架。"这让我太没面子了！每个人都在问珍妮在哪儿，而我必须找一些狗屁借口。"这并不是第一次，他总要为珍妮在应酬中的缺席找借口：

> "我就不明白，有很多朋友都有孩子，头几个月他们也不怎么外出，但3年以后呢？我最终开始思考，'也许她是不想和我一起？'而这给了我很大打击。"

比尔开始想也许他们要离婚了，这让他感到沮丧。"我从来没想过会成为那些离婚的单身父亲中的一员。"比尔坦露道，他父亲和母亲在一起40多年也没有分开过，直到5年前父亲猝死。比尔说自己和父亲非常亲密（"他是我的偶像！"）。也把父母视作自己婚姻的榜样。"我猜他们有他们的问题，但我从未看到过他们争吵。他们是终身相爱的伴侣。"当问及想到离婚时的想法，他说："失败。"

比尔的工作性质常常需要他与客户外出并招待他们：

> "过去我只是偶尔得这样，但升职后需要越来越多的外出应酬。一开始我会叫珍妮一起去，后来就不了，因为我知道她不会答应。"

这也成为他和珍妮之间的冲突的一部分。半年前，他和几个同事在一家酒吧消遣。"我一直觉得我有一张'扑克脸'，能隐藏自己的感受。"但那一晚，一个非常有吸引力的朋友阿曼达来到比尔身边，问他过得怎么样。"我笑着说还不错，但她说'你知道吗，我能看出来你很痛苦'，然后碰了一下我的胳膊。男人啊，就是那样！"那一刻，比尔突然感到有人真正理解他，看穿了他隐藏在面具下的痛苦。接着，他们开始一起喝东西，偶尔一起吃晚饭。比尔真的很享受阿曼达的陪伴，喜欢和她在一起时的感觉。约4个月前，他们发生了性关系：

> "现在我已经变成了自己发誓绝不会成为的'那些家伙'。我并不是故意的，但我真的享受重温某些东西的感受。可我又担心如果珍妮发现，她精神上和情绪上能否应对。"

这个案例中，比尔对婚姻的幻想是"如果我等得够久，找到对的人，万事都会有好结果"。他父母的关系很好，让他觉得如果能和珍妮一起努力，他们也能够成功。他深深地想要有人注意并在乎他，而不是抛弃他。他想要一个"爱人"和一个"玩伴"。他对于珍妮的需求合情合理，但也逐渐意识到她在改变他们最初达成的"交易"。比尔曾希望珍妮能"很快振作"或"恢复健康"，恢复到从前的样子，这个需求也是很清晰的。然而，当她拒绝和他一起去度假村时，比尔的希望落空了。那一刻，他认定自己不可能挽回对方了，他的需要不可能被满足了。这也成了他人插足并填补空缺的时机。

不忠之门开启

哲学家 Fredric Nietzsche 曾经说过："有缘由者能受万事。"对于伴侣来说，这意味着为了满足自身的需要而经受许多考验、失望和伤痛。许多人会说这就是婚姻的状态——为了实现深层的愿望而经受各种各样的磨难。但一旦受苦的"缘由"没了，受苦的能力就会迅速减弱。虽然很不幸，但如果伴侣正在接受治疗，这会成为他们真正发生改变的良机——或者不忠会成为改变的力量。说得更具体一点，幻灭来得很快（尽管可能要经过很长时间的酝酿），"最后一根稻草"出现，与某人的一段柏拉图式的关系突然开始有了新的意义。过去不能接受或由于承诺或道德感而拒绝的调情突然变得能接受了，如此就开始了通向不忠的旅程。个体似乎接受了一个邀请，产生了一个隐含的意愿，给予了他人一个允许。但如果满意度不曾稳步下降，权力没有慢性失衡，梦想会实现，幻想能成为现实，愿望也能成真，个体就不会允许不忠的发生。

幻想和玩耍（及不忠）

幻想如此有吸引力，是因为伴随其中的乐趣和玩耍的感受。我认为，这就是我们如此追寻幸福，却有这么多人感到痛苦的原因！他们追求幸福而不是一时的乐趣或玩耍。换句话说，他们追求幸福时太严肃了，因此常常悲惨地失败。由于责任或义务，成年人多半放弃了一些有趣的或令人愉快的东西——他们因疲于应对生活而放弃了幻想。问题是，梦想、幻想或愿望从未真的死去，它们只是隐藏起来，等待冒头的时机，或者转换成了死气沉沉的噩梦（例如，你梦想有一所大房子，但需要从早到晚不停工作来购买）。

大多数人都知道，生活不会一直是欢乐、有趣和好玩的。它并非通往"迪士尼世界"的旅程。但是当人们——尤其是伴侣双方——不再花时间娱乐，部分最初的"魔法"、部分他们谈妥的"交易"，甚至部分幻想就开始死去。伴侣也开始失去彼此间的联系，关系出现裂痕，他人得以乘虚而入。当某人在一段关系中感到没有乐趣或无法实现幻想，又发现自己处在一个可以不忠——获得乐趣和娱乐（通常以兴奋、调情、唤起等形式）或与失去的某些东西重新连接——的情形时，后者常常具有致命的吸引力。这就是为何在某些人的脑海中不忠常始于"幻想"，这是起始期的一部分：人们不仅开始幻想不忠的可能性，还开始做一些看起来"闹着玩"的行动（通过邮件、电话、社交软件等联系第三方）。这些行动会带来一种兴奋或悸动，是关系早期阶段的特征，也是原本关系中失去的东西。

所以，如果有人吸引了有不忠想法的人的注意，并能给他们带来乐趣和满足，这种吸引是不可抗拒的。在这种关系的早期，双方常常会分享某种形式的深度的亲密，这涉及幻想水平。在原本的关系中，伴侣没能有这一水平的交流——常常因为关系中的权力失衡和不满。但不忠关系的满意度通常出奇地高，权力也能被平均分配。第三者被理想化了，充满了实现幻想的力量。系统式家庭治疗的先驱 Gus Napier 和 Carl Whitaker 说道：

> 可以把情人看作心理治疗师——一个非常擅于倾听和理解的人。"不理解人"的刻板伴侣形象当然是不忠的好借口，但也可能是真的。不忠方可能践行"破坏性的特权"……可能将不忠合理化为对拒绝、抛弃或虐待的正当反应。作为治疗师，至少在最初期，不应把不忠方当作受害者来同情，但要记住，不忠决定的背后有大量的痛苦与绝望。

电影《身为人母》（Little Children）

萨拉和理查德生活在新英格兰郊区，有一段不幸的婚姻。他们的婚姻是无性的，因为理查德沉溺于网络色情，自从萨拉发现理查德在办公室手淫后，他们就开始分床睡了。他们有一个女儿露西，萨拉会定期带她到公园与其他家长和孩子一起玩，也在那儿遇见了布莱德和他的儿子亚伦。

布莱德还没通过马萨诸塞州的律师考试，不过他根本就不想当律师。他留恋自己的青年时期，认为那时的生活充满了可能性。他的婚姻也不如意，美丽上进的妻子凯西是家庭的经济支柱，但凯西逼着他成功。凯西为公共电视台拍纪录片，他们的生活有点入不敷出，只能接受凯西母亲的支持。凯西对自己的事业和母亲的角色太投入了，所以他们之间也没有性生活。每当布莱德应该为律师考试做准备时，都反而会去足球队踢球或围观十几岁的孩子玩滑板，幻想自己能再一次重返年轻，无忧无虑。

萨拉和布莱德在公园偶遇并被彼此吸引，就好像他们找到了生活中缺失的某些东西。他们不知道该如何处理自己的感受，双方的家庭生活都不幸福。他们开始了一段深度的柏拉图式的关系，他们的孩子也成了好朋友。萨拉渴望被某个像布莱德一样英俊和阳刚的男人追求。

某日，因为一场突然的大雨，他俩把露西和亚伦带回萨拉家就近躲雨。布莱德在萨拉的诗集中发现了一张自己的照片，于是情不自禁地吻了她。他们无法继续忍受对彼此的渴望，在地下室发生了性关系。后来，在布莱德又一次逃掉司法考试时，凯西起了疑心，于是让布莱

> 德邀请萨拉、理查德和露西来吃晚饭。布莱德和萨拉之间明显的亲密互动证实了她的怀疑，凯西不得不让自己的妈妈过来长住，以阻止布莱德和萨拉见面。
>
> 终于，布莱德和萨拉得以借足球比赛之机在球场相见。布莱德认为这是他一生中最幸福的时刻，并希望说服萨拉和他私奔。当晚，趁凯西收拾餐具时，布莱德向亚伦告别并安置他上床，又给凯西写了张字条解释自己为何选择离开，然后悄悄地走了。在到达相约见面的地方之前，一群滑滑板的年轻人分散了布莱德的注意，他试着玩了一下，却不小心摔伤了，不省人事。当布莱德恢复意识时，他请求护理人员给妻子打电话，让她来医院见他——原来他最后根本没有给她留字条，而是把字条扔了。同时，萨拉带着露西去公园与布莱德会合，但露西不小心跑丢了，萨拉惊慌失措到处寻找，完全把布莱德抛在脑后。好不容易找到露西后，萨拉哭了起来，她意识到与布莱德的私奔只是个幻想。尽管他们花了很多时间幻想共同拥有的将来，却最终意识到彼此的关系只是对原本婚姻的逃避——这是他们终将要面对的。

就像其他不忠一样，电影中布莱德和萨拉都对自己的婚姻不满，关系中也存在权力失衡。不过，直到意识到伴侣不可能实现他们对关系的梦想（萨拉的丈夫偏爱网络色情，布莱德的妻子更关注工作），他们才选择不忠。他们还意识到，仅仅相互吸引不能让他们满足，于是开始幻想私奔，幻想对方是自己渴望的理想中的对象（能让自己感到被需要，让自己满足）。然而，幻想还没实现，现实就"登场"了——这在不忠中经常发生。在不忠发生前和不忠的过程中，现实关系似乎都是负担，毫无乐趣。幻想则那样轻松，毫无负担。矛盾的是，当不忠曝光后，现实关系往往会摇身一变（"我把事情搞砸了，我从未意识到之前的关系这么好，我希望能让时光倒流"），而与第三者的关系会成为负担——因为第三者开始对不忠方提出要求（"你答应过会和我一起离开"）。电影中，萨拉和布莱德的婚姻更为现实，因此他们最终选择了现实关系。如果不忠是症状和改变原本关系的动力，而非放弃原本关系的理由，那么伴侣通常会选择现实关系。

结论

不忠往往会带来成就感和羞耻感、满足和窘迫、放松和焦虑的混合体验。它是自我否定后的放松，其代价往往是对个人价值观的违背。不忠也可能是真正改变关系的推动力（实际上，由于伴侣构建关系的方式，不忠成了唯一可能的带来改变的办法）。讽刺的是，通过不忠，人们通常可以毫不费力地实现幻想，这是种既美好又空虚（因为不真实）的感受。原来的关系可能让人觉得难熬，却能以更真实和具体的方式实现幻想，这往往是更真实和令人满足的（分裂自我型不忠除外）。

不忠虽然可能是改变的推动力，却是要付出代价的。在不忠的暴露期，通常充满了痛苦和伤害，对伴侣来说是最混乱、最情绪化的时期之一。这是关乎关系存亡的时刻，是多数伴侣治疗师进入伴侣系统的时候，也是训练有素的伴侣治疗师最有用并对人们的生活影响最大的时候。

第 6 章

引爆炸弹：不忠暴露及伴侣的视角

当听说这个消息时，我简直不敢相信。我感到脚下的地板松了，自己开始往下掉。我还有一种平静感，似乎在头脑中非常理性地看待这件事。仅仅几分钟之后我意识到有人在尖叫，而那正是我自己！

至此，本书之前的4章都聚焦于以系统的视角理解不忠的相关因素。这些大都是伴侣见治疗师之前的事。然而，通常是在伴侣发现不忠后，或在已经进行了一段较短时间的治疗而有人承认不忠后，才去处理它。在起始阶段，伴侣需要先接受不忠的现实，才有可能去治疗它。这常常是治疗的开始，是有胜任力的系统式伴侣治疗师最能发挥作用的时刻，也是没有受到良好培训的临床工作者在黑暗中跌跌撞撞的时候。为什么？因为此时要做的事情最为困难（对临床工作者来说）。如第2章所述，系统式伴侣治疗师需要说服伴侣双方相信不忠是关系中某些更根本的问题的症状，双方都为不忠的发生创造了条件（因此双方在恢复关系中都能发挥作用）。当然，多数临床工作者的想法与之相悖，他们心照不宣地接受"受害者"和"骗子"的想法。问题是，这种想法是个陷阱，常会导致治疗或关系失败。因此，我们需要真正的系统式方法。本章聚焦于理解这一起始阶段及需要处理的重要的临床问题。

坦白或被发现

不忠以两种方式暴露：坦白或被发现。这两种方式起因不同，而暴露的方式本身可能会影响最初的治疗。每种方式都是独特的，都需要一些探索和思考。

坦白

坦白是指不忠方决定把与他人的关系告诉伴侣。这一决定常常会唤起巨大的焦虑，要么出于内疚或责任感（如回避冲突型或回避亲密型不忠），要么是想要离开（如分裂自我型或退出型不忠）。不忠方可能原本认为自己可以保密，或希望秘密永不会被人知晓。他陷入了对自我的看法（"我是好人"）或价值观（"我信仰诚实和正直"）与现实状况（"我做了可耻的事情，没能忠于自己的内心"）的内在冲突。系统式家庭治疗的治疗师先驱和作家 Gus Napier（2007）总结了这些人的体验：

> 根据 Dostoyevsky 对"坦白的冲动"的描写，他认为内疚是"和盘托出"这一冲动的核心。但我们猜想，这个不贞的爱人可能有一个更有生命力的冲动——连接分离和对抗的自我的两部分。如何承受这种双面的生活？承受这两个分裂的自我？答案是坦白或让对方发现自己的不忠，双重现实迫使我们去面对"自己究竟是谁"这个问题。在这个过程中，受害者

非常愤怒,而不贞的配偶在被发现或坦白不忠后,常常感到有些轻松。虽然在我们的文化中,不忠被神秘化为一种浪漫经历,但实际上多数不忠的发生是仓促且充满内疚的,有一种觉得自己肮脏和廉价的绝望感。鬼鬼祟祟地偷欢没那么容易(轻松),何况还会让人内疚。当被不忠方最终知道了真相,其愤怒可能比不忠方的自责更容易处理。

换句话说,不用再保守秘密的轻松感超越了被发现的痛苦感和难堪感。然而,不忠方向对方坦白需要勇气,却不太会因为这一勇气"得到奖励",因为对方的震惊、创伤和痛苦让人崩溃,也让人内疚。实际上,其他负面情感会很快取代不忠方坦白带来的轻松:

> 羞耻和难堪会淹没不忠方,而且由于对对方造成的伤害变得更明显,不忠方必须要面对其行为的影响。虽然被不忠方的脆弱常常很明显,也令人同情,但治疗师仍要去处理不忠方的脆弱——为此难过困扰。不忠可能暂时减轻了其自我怀疑、孤立感或潜在的抑郁;事件的进展却可能将其置于险境。通常不忠关系结束时,婚姻还没修复,对方还不太可能去安抚不忠方的丧失感。
>
> (Napier, 2007, p.302)

因此,这个任务就落在了治疗师的头上——既要处理被不忠方的愤怒和痛苦,也要处理坦白者的感受并确认其努力"做了正确的事",此处可以切入系统的视角。然而,如果不忠方不愿坦白,不忠常会以一种更戏剧化、更有破坏性的方式暴露——被发现。

被发现

它可能以无数种方式发生，一张昂贵的礼物的收据，一封直白的信（一封邮件或一条短信），一条语音信息或一些其他的迹象。不忠被发现通常源自一个意外，是计划外的。因此，这对被不忠方和不忠方都是打击——意味着没有真正的警示和准备。人们对有计划的坦白是有准备的（甚至可能约好了治疗师或在会谈中坦白），与之相对，意外被发现的时机往往很糟糕（在公共场合或在家里）。

计划外被发现的另一种情况是"第三者"（或其伴侣）选择向不知情的伴侣摊牌。如果是这样，通常是因为感到没有被公平地对待（比如对方离开配偶的承诺没有兑现），因此摊牌通常是伴随着恶意和怨恨的。而如果是第三者的伴侣发现了不忠，他/她常会为了报复而摊牌，以造成最大的破坏和伤害。

不管不忠是如何被发现的，双方的常见反应往往是震惊和否认。有时被不忠方感到"我早就应该知道"或"我一直就知道（怀疑）却什么也没做"。在这两种情况下，他/她常常会自责——虽然不一定会表达出来——临床工作者意识到这一点很重要。Napier（2007）如是说：

> 伴侣一方生活在一种正常、信任的假象中——至少在意识层面，在他/她能看到的表面。伴侣分享日常，有亲密的谈话，一起照顾孩子，甚至做爱。被不忠方常常会回忆并想到曾经忽略的"迹象"，而真实感的破碎所带来的创伤是巨大的。这就像是把感知到的真实撕成了碎片——所见非所是。在这

种情况下，这一体验类似于信任感的死亡。而对于在童年期经历过被背叛和拒绝的人来说（谁又没有呢？），对方的不忠确认了其深藏的恐惧和无意识的预期："我之前在想些什么？我怎么会信任你？"也许还会暗暗地想："我知道总有一天会发生。"就像亲密的婚姻关系能减轻童年创伤，婚姻中的背叛会恶化早年的伤害："我以为我能信任你。现在我知道了，我不能再信任任何人。"

一旦发现（或坦白）不忠，被不忠方会有非真实感，会感到一切都毫无意义。被不忠方可能觉得事情的发生不合情理，当他们反刍有关不忠的信息（或开始沉浸于与不忠有关的、没被坦白或发现的信息）时，甚至可能会有些认知混乱。这可能会让他/她情绪失衡，对事物的反应过激（例如一点小事就能引起愤怒的感受）。Napier给临床工作者提供了指导：

> 对于被不忠方来说，修复真实感和自我感知的过程很重要而又很困难。伴侣的背叛除了引起"受害者有罪论"般的自责和自我怀疑，还可能让其更准确地评估自身的错误或弱点。被不忠方可能在表面上指责对方，但也会主动思考："我做错了什么？"这种自我探索混合着愤怒与痛苦，是在努力尝试挽回关系。例如，一个过去性"冷淡"的伴侣可能时而愤怒时而挑逗；情绪剧变中的伴侣可能有充满激情的性生活，之后可能演变为更多的愤怒与指责。被不忠方如果公然表达愤怒，可能是自我肯定，但也可能是隐藏痛苦的方式——痛苦这种

情绪太脆弱了,以至于无法表露给一个不能信任的伴侣。

无论是坦白还是被发现,不忠一旦暴露,紧接着的是伴侣对消息的反应。在这一时期中,创伤常常造成显著的影响,而理解不忠的创伤性质(及其影响)是伴侣治疗师的首要任务。

不忠的创伤及即时影响

一旦不忠暴露,如果伴侣是在治疗中坦白/发现不忠的(或不忠是前来参加伴侣治疗的原因),处理创伤能为有效地治疗伴侣打下基础(Snyder,Baucom,& Gordon,2007)。被不忠方会表达剧烈起伏的愤怒、无力、被抛弃感和震惊(Abraham Spring,1996;Kessel et al.,2007;Snyder et al.,2007)。据 Snyder 等所述:"类似在创伤后应激障碍中所观察到的反应……他们表示这冲击了自己关于伴侣、自身和关系的基本假设……粉碎了安全感必需的核心信念(2007,p.102)。"因此,在不忠暴露的早期,创伤是很突出的。实际上,当得知真相,他们:

> 可能突然出现明显的强迫性神经症。实际上,反应的严重程度甚至看似到了精神病的边缘。他们想要即刻了解同谋者的身份;在重建真实感的过程中,他们常会反复询问许多细节:这是什么时候开始的?你做了什么?你去了哪里?对于不忠方来说,质问的频繁程度可能是虐待性的,而其防御性反应可能强化被不忠方愤慨和受伤的感受。不忠方的回答可能并不真实,但随着对细节的追问,被不忠方通常会得到

越来越多的信息。他们据此来自我评估，卑微、不够好、羞耻、愚蠢、轻信和生气的感受此起彼伏。

所有这些都是创伤反应的经典表现。由于不忠暴露时带来的信任破裂和出人意料的打击（不管是坦白还是被发现），伴侣可能有一种"瘫痪感"，感到无法（或不知道如何）继续生活。即使不忠关系已经结束，如果伴侣没有理解不忠为何和如何发生，就无法继续原本的关系。而被不忠方内在可能有两种对立的感受在"拔河"。一方面，他们想要了解信息（实际上是真相）；另一方面，他们可能又不愿从一个不再值得信任的人那里了解那些令人痛苦的细节（Snyder et al., 2007）。所有这些冲突的情绪会产生一系列混乱、矛盾、似乎不真实的体验和行为。因此，下表对《精神障碍诊断与统计手册》（第五版）（*The Diagnostic and Statistical Manual of Mental Disorders-V*，简称为 *DSM-V*；APA，2013）中有关急性应激障碍诊断标准的回顾可能有用。

DSM-V诊断标准：创伤应激障碍

注意，某些与不忠无关的诊断标准已经被修订了，因此此处不能作为诊断急性应激障碍的全部依据。

A. 以下列方式之一暴露于实际死亡或死亡威胁、严重伤害或性侵。

- 直接经历创伤事件。
- 目睹创伤事件发生在他人身上。
- 得知创伤事件发生在近亲或好友身上。
- 经历创伤事件不良细节的重复或极端的暴露（例如，收集残骸的应急人员；重复暴露于虐待儿童细节的警察）。

注：不适用于来自电子媒体、电视、电影或照片的暴露，除非这种暴露是与工作相关的。

B. 以下这5类（闯入、负面情绪、解离、回避和唤起）症状中，有9项（或以上）在创伤事件发生后开始或恶化。

闯入症状

- 反复发生的、非自愿的、闯入性的关于创伤事件的痛苦记忆。
- 反复出现的、内容和/或情感与事件相关的痛苦梦境。
- 个体感到创伤事件再次发生的解离反应（例如，闪回）。
- 对象征或类似创伤事件某方面的内部或外部线索有强烈的或长期的心理痛苦或显著的生理反应。

负面情绪

- 持续不能体验正面情绪（例如，不能体验幸福、满意或爱的感觉）。

解离症状

- 个体周围环境或自身的真实性发生变化的感受（例如，从他人的角度看自己，处于恍惚状态，觉得时间变慢）。
- 无法记住创伤事件的某个重要的部分。

回避症状

- 努力回避与创伤事件相关的或有密切联系的痛苦记忆、想法或感受。
- 努力回避唤起与创伤事件相关或有密切联系的痛苦记忆、想法或感受的外在提示（人、地方、谈话、活动、物品、情境）。

唤起症状

- 睡眠障碍（如入睡或睡眠维持困难，睡不安稳）。
- 通常以"对人或物品的言语或身体攻击"表达出来的愤怒爆发。

- 高警觉性。
- 注意力的问题。
- 夸张的惊跳反应。

C. 障碍持续时间（标准 B 中的症状）为创伤暴露后3天到1个月。

注：症状通常在创伤后即刻发生，但持续至少3天到1个月才满足疾病诊断标准。

D. 障碍导致临床意义上显著的痛苦或社交、职业及其他重要功能领域的损害。

正如标准中注明的，急性应激障碍可以在创伤事件发生后即刻起病，急性期可持续3天到1个月。如果创伤性症状持续超过1个月，才考虑创伤后应激障碍的诊断。不忠一旦暴露，很有可能带来一些创伤性反应——无论个体是否达到急性应激障碍或创伤后应激障碍的诊断标准。例如，被不忠方可能会出现闯入性思维、反复揣摩关于"第三者"的情况（他们的表情、性爱的性质、性爱的质量）、无法入睡、睡眠过多、不想和伴侣交流、过度质问伴侣、在工作中或在家无法集中注意力。准确评估这些症状，为这些反应提供一个正常化的背景，对伴侣处理和承受这些信息及其影响至关重要。

要记住，不仅是被不忠方，不忠方也可能表现出创伤性症状。例如，计划坦白方的内疚和"要坦白"的感受也有可能带来急性的预期焦虑、负面情绪和闯入性思维。这在被发现（不忠）的情形中也可能发生，因为不忠的伴侣没有时间为"公开"秘密做好准备。通常，我们容易（可能情不自禁）不那么同情或怜悯不忠方，但 Pittman（2007）提醒我们：

这个人一直在保密，因为害怕被发现一直在搞地下情，但他最终还是要面对自身的孤独感。充满羞耻地鬼混的人比如常生活的人乐趣更少，痛苦更多。不必去惩罚不忠的人——不忠本身就是惩罚。不忠是非常难堪的，而且总让人胆战心惊。地下情意味着个体感到与生活中真实的他人没那么亲密，而与敌人更亲密——那个分享秘密的人知道自己一些无人能接受或忍受的事。你要把这个秘密地、沉默地处理不忠的人看成已经受到了足够的惩罚。忍受不完美和个人的失败是亲密的基础之一。

根据 Snyder 等（2007）所述，不忠方也很可能出现抑郁的急性期症状，包括自杀。冲突、痛苦和不满意可能导致言语的（或甚至躯体的）攻击和暴力。因此，伴侣治疗师应该制订一个治疗计划来处理暴露后的即刻创伤，然后快速进入治疗模式，帮助伴侣解决潜在的问题。

创伤的治疗策略

宽泛地来说，不忠暴露后即时状况的处理可以有两个方向：创伤反应(traumatic responsiveness)和人际宽恕。聚焦于创伤反应的治疗师帮助来访者"更清晰地聚焦于创伤，暴露于创伤的回忆，并帮助他们重建关于世界如何运行的基本图示，重获对其生活的新的掌控感"（Synder et al., 2007，p.103）。实际上，Glass（2003）列出了治疗不忠创伤的4个关键元素：①反转婚外三角关系的"墙"和"窗户"，让被不忠方进来（窗户即"透明"），让第三者出去（墙即"屏障和隐私"）；②停止与"第三者"接触以建立安全感；③完全诚实地对待与不忠相关的事情以重建信任；④讨论不忠的内情（不仅是性与爱情）来理解不忠的意义。

人际宽恕在治疗早期较难达到，但其元素值得关注。基于宽恕的方法主要聚焦于让伴侣对不忠为何发生有不同的理解，并为不忠创造新的意义（Gordon & Baucom,1998；Rowe et al., 1989；Snyder et al., 2007）。这些方法有三个共同的元素（Sunder et al., 2007，p.103）：①对犯错的人和事有一个更平衡的观点；②减少对犯错之人的负面情感，可能也会增加对其的同情；③放弃进一步惩罚犯错之人的权力。

因此，"宽恕"的想法可能看似只与不忠方有关，但也与被不忠方和处理创伤体验有关。被不忠方往往会说："要是我不能宽恕对方怎么办？"这可能意味着他/她并没准备好开始解决关系问题；另一方面，这也可能意味着他/她永远不会准备好（或能）走到这一步。如果情况如此，彼此间没有宽恕的可能，关系很可能会就此结束。然而，匆忙地完成这个过程往往会带来更多的伤害。一时冲动的决定会让人有一种清晰感，但坏处是可能时机不对或决定本身就是错误的。不管治疗师的潜在治疗取向是什么，有一些针对不忠"暴露之后的会谈"的指南可以在坦白/被发现期使用。以下将介绍这些方法中的两个。

暴露之后的会谈：改良版不忠情况说明

Juhnke 和他的同事改编了一个重大事件情况说明的方法，称之为"改良版不忠情况说明"（Juhnke et al., 2008），用于指导临床工作者进行不忠暴露后的首次会谈。他们的方法有7步。分别是：介绍、确定事实、思维和认知、对不忠的反应、意义、即刻需要和承诺。根据 Juhnke 等所述，初始会谈可能需要长达2小时，而且他们强烈推荐伴侣走完所有的（或尽可能多的）步骤。这些步骤：

> 为伴侣提供讨论不忠经历和相关感受的机会。不论是主动坦白还是被发现不忠，伴侣通常需要更多的时间来描述他们对欺骗或背叛的反应。伴侣治疗师有必要让伴侣描述他们的感受，但也必须掌控会谈，以防止会谈陷入无效或情绪化的言语抨击。

此外，他们认为，超过2.5小时的会谈可能导致情绪的无效表达，疗效较差。伴侣最好能完成相互关联的说明步骤的每一步。这些步骤的用意是"让来访者从与不忠经历有关的认知思维，进入与不忠有关的感受，最后回到关于'伴侣希望关系怎样变化或结束'的认知"（Juhnke et al.，2008，p.311）。随着任务的逐步完成，伴侣可以体验到掌控感，感到被授权——这对被不忠方尤为重要，尤其是当他/她打算接受不忠的现实时。同样，对于不忠者来说，看到真正重建信任和重建关系的可能性，能给予他们所需要的宽慰和鼓励。

然而，如果伴侣无法完成所有的步骤，Juhnke建议他们通过写信来让自己有时间反思和描述最初无法表达的体验。如果必要的话，伴侣应在下一个可能的机会（甚至就在次日）完成这些步骤。现在，我们来详细看每一步。

(1) 介绍：这一步对伴侣了解"改良版不忠情况说明"能做些什么很重要。这一时期，来访者通常是没有方向的，他们会非常感激有人提供一个清晰的过程指导和某种稳定感（哪怕是仅仅针对情况说明的初始会谈）。另外，这一步包括建立基本的咨访关系同盟。另一个主要任务是帮助受害者描述在暴露过程中和之后的即刻体验，以着手处理这些体验并理解其背景。将会讨论哪些主题（伴侣对于不忠的定义，设定边界和关系继续所需要的规则）也很重要，也是治疗师评估伴侣的功能水平和对伴侣来治疗给予鼓励的时机。介绍部分的最后一步，是让每人承诺此后进行不少于4次的会谈。这关系到情况说明过程的最后一步。大多数发现不忠后前来治疗的伴侣会同意这个承诺，但也有不同意的——往往要么是因为已经决定结束关系，要么是对治疗过程及是否有帮助持怀疑态度。在这种情况下，帮助来访者说出顾虑，可能有助于增加会谈的意愿。此时有必要就伴侣的目标提出一些澄清性的问题（"也许你还没有准备好宽恕你的伴侣，也不确定是不是会有宽恕的一天，但你是否有兴趣理解自己此刻的反应？"），来让伴侣接受这个过程。

(2) 确定事实：这一步的主要目标是帮助受害者讨论不忠暴露的非情绪性事实（Juhnke et al., 2008）。这对于治疗师来说是一个尤为重要的"入手点"，要以一种非评判的方式开始讲述。无论不忠暴露是出于坦白还是被发现，这一步都很有用。回顾坦白或被发现的过程也有助于获取不忠暴露前后的非情绪性事实细节。然而，重要的是，伴侣要理解"仅谈事实"并不意味着不进一步讨论和探索情绪，只是推后到"反应"的步骤。当前的关键是每个人以自己的角度呈现不忠的"事实"。治疗师也可以在此时询问被不忠方是否曾经怀疑过对方不忠或有已经坦白（或未坦白）的不忠。最后，这也是一个可以询问不忠方坦白的原因或被发现前的情况的机会。此时还可以把理解不忠的三步模型介绍给伴侣，这常常能在下面的步骤中使他们的谈话结构化。

(3) 思维和认知："思维和认知这一步的目标是温和地鼓励伴侣从讨论与不忠有关的外部的、较安全的非情绪性事实，转而讨论与觉察到的或已暴露的不忠有关的个人思维。所以，这是认知和情感的过渡阶段"（Juhnke et al., 2008, p.312）。这一步的首要目标是进入双方的内心，获取更多的主观看法。这是在"进入"双方的思维和认知，为讨论情绪"搭建舞台"。让双方开始以反思的视角看待各自描述的情况（这是"选择视角"的重要部分，在后面的治疗中会需要用到）。以外部的视角来看自己和关系，能帮助伴侣把关系看成一个系统，并开始认识到第2章谈到的两个系统式原则（不忠是症状及伴侣双方都为之创造了条件）。思维和认知可以是自动的或有意的，也可以是叙述性的（如，"我不敢相信她那样做了！"）或更视觉性的（"我就是总看见她和另一个男人在一起！"）。帮助伴侣合理地对思维和认知进行标记和分类很重要（以获得掌控感）。

提示性问题如"当……你的第一个想法是？"能在首次讨论不忠时，帮助双方进入个人的思维模式。另外，询问不忠暴露之后最初一段时间的想法也可能有帮助："那么在过去的几（天/周），关于……的想法有什么变化？"这可以起到安慰的作用。

(4) 对不忠的反应："这一步的目标是帮助受害者进入与不忠有关的情感反应。焦点要聚焦在受害者对不忠的讨论"（Juhnke et al., 2008, p.312）。这可能是比较困难的步骤之一，但也是最重要的步骤之一。首先,治疗师要有心理准备,来访者会表达非常强烈的情绪;其次,治疗师要给双方准备足够的时间以充分表达其情绪反应;最后,治疗师必须准备好聚焦于双方对不忠的反应(尤其是被不忠方),而聚焦于不忠方并不是必需的。例如:

我听到他说的话后太伤心了,太生气了,以至于不想靠近他。我感到非常愤怒,你知道所谓"气得跳脚"吗?我就是气成了那样。

与之形成对照的是无效的发泄和人身攻击,例如:

你这个自私的蠢货!你跟你爸一样没用!你说过不会成为他那样的人,但现在你比他更糟!我的朋友说你不够好时我就应该听他们的,但我是个白痴,你说爱我,我就相信了!

把来访者的焦点引导回自己身上可以帮助他们回到正轨,但把握好度很重要,不要让来访者觉得你在遏制他们的情感表达。可以提问"在这个过程中你觉得最困难的部分是什么?"或者"能描述一下在这个过程中你情绪上的'最低点'吗?"这样做的目标是让伴侣倾听对方的感受,并不被其击垮或淹没。这为稍后处理这些感受提供了一个框架。

(5) 意义:"这一步的目标是帮助受害者从通常很激烈的情感部分回到认知部分。随着充斥着情绪的反应开始减弱,伴侣治疗师提出问题，促进认知反应而不是情感反应"（Juhnis et al., 2008, p.312）。这个过程是治疗师帮助伴侣把经历、思维和感受放到一个框架中，让他们开始（这仅仅是开始）理解发生了什么（包括不忠及关系的系统式元素）。例如"你害怕珍妮在知道你的不忠后会离开你，这正反映了你意识到自己是多么需要她。"或"你说'我曾经怀疑过，但我没有相信直觉'。从表面上看，你似乎是在惩罚她，然而基于你的反应和想法，你也在用一种别人看不到的方式惩罚你自己。"创造基于意义的表述，需要平衡认知和情感的元素。最后，有些表述包含了所表达的情感，同时将之置于认知和思维（更早的步骤）的背景中，强调这样的表述可以让感受看起来没那么混乱和失控，并赋予感受更深的意义。情感背后的更深的意义，可能为不忠所违背的对关系的梦想、幻想和愿望提供线索。这一信息至关重要，有助于伴侣采取下一步行动来修复关系，也就是为关系重新定义新的梦想、幻想或愿望（Snyder, Baucom, & Gordon, 2008）。

(6) 即刻需要：这一步的目标是帮助伴侣（尤其是被不忠方）识别最紧迫的需要。这是非常重要的一步，因为这让伴侣双方反思马上需要做什么。有时，来访者会表达一些不现实的愿望（"我希望这一切不曾发生""我希望时间能倒流，能抹去过去的这些天/月/年"，等等）。而这一步的目标是让伴侣聚焦于当下的现实情况。这第一次给予被不忠方一个真正的机会向不忠方提一些具体的要求，也给予不忠方机会通过服从或满足这些要求来表达真心的悔恨。有时，这会是一件具体的事（"目前我没精力照顾孩子"或"我需要知道你已经结束不忠关系了"），也可能是一些不那么具体的事情（如"我只需要个人空间"）。这一步中的要求为伴侣"赢得时间"，以便为真正地重建关系做好准备。提出如"此刻你最想从对方那里得到什么？"这样的问题可以开启许多的可能，伴侣治疗师的工作是确保这些要求是明确、现实、有可能为稳定关系带来益处的。进行"循环提问"，如"如果他那么做，你可能会是什么反应？""如果你那样反应，他可能会怎么做？"伴侣回答这些问题的能力，能让治疗师了解"改良版不忠情况说明"是否进行得太快了。这一步也可以加入 Snyder 提出的"即刻创伤模型"中的一些想法（如边界、不忠讨论对象等）。这也能预示下一步，也是最后一步"承诺"中可能会有的反应。

(7) 承诺："此时，伴侣已经从对不忠经历的认知讨论，过渡到对感受和体验的情感交流，再回到聚焦认知的步骤来讨论他们的即刻需要"（Juhnke et al., 2008）。最后一步的目标是在伴侣进行完"改良版不忠情况说明"后，确定他们是否准备好接受治疗不忠的这个挑战。如果双方都没有意愿，关系可能就结束了（如退出型不忠）。此时，可以考虑进行个体治疗和离婚治疗（尤其是如果双方有孩子），处理结束关系的后续事宜。而如果双方都有意愿继续下去，此时就需要概述治疗的步骤（见第2~5章）。最后，如果一方有意愿，而另一方没有，那可能要考虑"改良版不忠情况说明"的过程有所遗漏或进行得太快了。本章末尾会介绍评估伴侣承诺情况的框架。

据 Juhnke 等人（2008）所述，成功地完成"改良版不忠情况说明"能达到三个目的：①伴侣彼此承诺并致力于克服过去不忠的阻碍；②成功地协商不忠带来的问题；③愿意进行后续治疗。这一步的成功预示着治疗的最终成功。尽管"改良版不忠情况说明"有助于来访者解决不忠暴露后即刻面临的许多难题，仍有一些其他的问题需要去考虑和处理。

坦白或被发现阶段要完成的附加任务

尽管"改良版不忠情况说明"中的步骤能帮助来访者应对不忠暴露的即刻后果，并决定是否要着手解决彼此的关系问题，但许多伴侣还有一些共性的问题需要获得相应指导（Snyder et al., 2008）。具体包括：①边界设置；②自我照料指南；③暂停和发泄技术；④情感表达技能和讨论不忠的影响；⑤处理闪回。

边界设置

边界是治疗工作早期需要讨论的首要部分。由于坦白或被发现不忠所具有的创伤性质，所有此前的关系"规则"（至少在初始阶段）往往一瞬间土崩瓦解。因此，伴侣（通常是被不忠方）可能不知道恰当的边界是什么。伴侣在不忠暴露前可能感到对方是自己可以寻求支持的首选（尽管不忠方已经选择转向"第三者"）。因此，伴侣即刻面临的问题，是要与关系外的人谈论过去从未谈论的事。所以，在初始阶段，让伴侣确定几个方面的边界很重要。主要的三个方面的边界是：①如何与彼此相处；②如何处理"第三者"；③向谁寻求帮助以及与之分享不忠的哪部分信息。

首先，不忠暴露后，为了创造关系中的安全感，必须明确伴侣关系中的边界。第一个要涉及的方面是负面感受的边界（如，透明的"墙"和"窗户"）。必须在真诚地表达情感（尤其是负面的）和情感把关系击垮（会导致退缩）之间掌握平衡。给这些负面互动设限能建立安全感。例如，如果一方对另一方的行踪不放心，一个创造性的解决办法是另一方要负责告诉对方他在哪儿（或发信息，或在手机上"共享位置"等）。直到对方说："够了，我不需要知道你逛的每家店。"另外，商定讨论、提问等的次数可能有助于降低伴侣提问与表达挫败和难过感受的压力。最初，有些伴侣可能没准备好谈与身体接触（包括性）有关的关系边界问题，但等伴侣准备好时，需要讨论向对方寻求安慰的问题（要求拥抱、亲吻和身体亲近）。

边界的第二个方面是，如果伴侣要和"第三者"见面或交流该怎么办。如果他们认识第三者（是朋友、邻居或亲戚）呢？如果在工作场合要见到第三者呢？如果在路上会见到第三者呢？关于该如何处理这种情况有不同的观点，关系治疗师 Esther Perel 曾就这一主题著书，他建议把"第三者"带入会谈或至少将其声音带入会谈（如"想想第三者可能会是什么感觉"），也有人认为必须立刻、永久地切断联系。然而，我们认为更恰当的提问是："你们真的希望挽救关系吗？"如果答案是肯定的，那么伴侣需要想办法协商允许什么水平的接触。如果有可能，应该切断联系，因为这是最干净和清晰的边界。然而如果不可能，需要约定一组与第三者的接触的条件。如果不忠方说"可你不懂……"，这可能意味着他/她不想解决关系问题，还想和第三者保持联系，这也可能意味着他对"原本关系不会有改变"的害怕（或绝望），这还取决于发生的是哪种类型的不忠。例如，如果是回避冲突型或回避亲密型不忠，这可能不是问题。而在分裂自我型不忠中，不忠方可能存在与第三者的重要联结。此时，伴侣已经没有退路，需要孤注一掷。每个人必须"赌上一切筹码"，否则必定"出局"。这可能很残酷，但通常必须如此。因此，讨论与第三者的边界问题至关重要。这可能包括讨论如何和是否让第三者知晓被不忠方已经知情；也可能包括让伴侣同意把与第三者的任何接触都马上告知对方。

最后，与关系外的何人倾诉个体与不忠有关的事（如果有的话）也是一个需要设置的重要边界。因为从一开始，被不忠方为了得到支持或因为受到的打击太大（而可能表现在脸上），朋友、家人、甚至不太熟的人都会关心他们。如果他们说出了自己遇到的背叛，可能让朋友、家人或邻里对他们关系有看法进而产生长期的影响。信息一旦泄露，就不能收回了。另外，当某人知道自己的朋友对其配偶或伴侣不忠，他可能会有一种"会被传染"的恐惧感。他人会与不忠方保持距离，对其的看法也会改变。因此，必须要仔细考虑，以决定是否要告诉别人。同时，家人和朋友可能感到有权介入——为了支持被不忠方，可能试图劝说他/她离开，而他/她还没有这个打算。最后，如果家人和朋友建议"把他们踢出去"，而伴侣仍决定继续在一起解决问题，关系中就可能会有一些尴尬和张力。然而，必须在顾虑和"帮助伴侣获得并利用社会支持"之间掌握平衡。双方都不应该被孤立，都应该获得支持。因此讨论跟谁说以及说什么，对每个人的安全感以及关系将来的运行非常重要。伴侣可能同意求助于一些能信任的或会支持他们的朋友（或亲戚）。至关重要的是，每个人要告诉对方自己的选择，并讨论对此他们可能有的任何顾虑。这样每个人都能得到额外的支持，又不让对方因此感到受威胁。

自我照料指南

不忠的暴露可能会显著影响伴侣双方的情绪、认知和身体。而不幸的是，由于其创伤的性质，伴侣在这段时间常难以自我照料——有时是因为前述的创伤性反应和症状，有时可能是无价值感或觉得自己不值得被爱。因此，伴侣可能忽视自己或家人（尤其是如果有孩子）的基本需要。评估这一功能水平非常重要，伴侣治疗师要提醒每个人多加自我照料，不要陷入自我惩罚或自我否定中。来访者也许需要得到允许才能进行基本的（也许还有额外的）自我照料。据 Snyder 等（2007）所述，要考虑到三方面的自我照料，包括：①身体照料（包括吃好睡好；注意咖啡因、酒精或其他药物的服用量；锻炼身体）；②社会支持（根据"边界"，也根据共识——以有帮助而不是有害的方式讨论什么及和谁讨论）；③精神支持（包括正式和非正式的与个人信仰系统一致的宗教活动，如祈祷、冥想和与牧师谈话）。来访者也许需要从专业人员那里得到"允许"，才能花时间和精力去做这些事。治疗师可能需要告诉他们，这对于在治疗下一阶段拥有认知和情感资源，完成高要求的治疗性任务很重要。

暂停和发泄技术

如前所述，讨论负面情绪很重要，但也可能沦为无效的指责，那样只会造成进一步的损害。同时，伴侣（和治疗师）也不希望传递令人不快的、没帮助的情绪或信号。因此，让伴侣接受"伴随强烈情绪而出现的生理变化"的心理教育，并学习处理它的技术，常常对讨论很有帮助。就强烈的负面情绪的生理方面影响而言，Gottman（2017）指出，生理唤起——尤其是心率在有关冲突的讨论中超过100次/分——会导致应激激素（皮质醇）的升高和情绪崩溃的体验。崩溃的人"难以记起伴侣身上他们曾经喜欢的品质……难以给予或接受情感、无法善解人意、（甚至）无法保持礼貌和谦恭，也几乎不可能使用积极的社交技能，如幽默"。因此，当经受创伤的伴侣崩溃了，谈话的走向一般会越来越糟。此时，通过"离开讨论"来使冲突降级很重要。然而，如果双方之前没有达成共识，这个举动就会被视作一方试图从讨论中退出或逃走，这会让冲突升级。因此，有一个"暂停"程序很重要，伴侣双方同意，当感到崩溃时先停止交谈，彼此分开一段商定好的时间，然后再回来继续讨论。Gottman报告，在实验中打断争吵的伴侣并让他们安静地阅读20分钟，当再回到讨论时：

> 当我们将第一段谈话的最后5分钟和第二段谈话的头5分钟进行比较，这些人就好像"换了一个脑袋"。在第二段对话中，他们突然变得理性起来，再次拥有了幽默感，还能够倾听——又是一个深情的、善解人意的人了。

因此，告知伴侣关于生理反应的知识和进行暂停练习，会是帮助来访者用一种富有成效的方式讨论冲突的有效的工具，同时也不会忽略随着冲突而来的强烈情绪。

讨论不忠的影响

当然，在不忠暴露的早期阶段治疗的最重要的要素之一，是伴侣彼此讨论不忠对其造成的影响。这必须在安全的空间（边界）中进行：①不忠方会倾听并支持被不忠方；②不用害怕不忠方用第三者来安抚自己的情感；③其他人不会不合时宜地掺和到冲突中。伴侣还必须有能力耐受随着发泄和暂停而来的情绪，这样讨论才能成功。然而，被不忠方常有一种"公平"或报复的需要，这会让对话无效——不忠方会对被不忠方的责备逆来顺受，并被其负面情绪感染或试图逃离其负面情绪。不管是哪种情况，被不忠方可能都会感到没有被充分倾听（维持了挫败和不公平的循环）。从系统的视角看，这常常可能唤起不忠方在关系中曾感受到的伤害和痛苦（也曾认为这是做出不忠的正当理由）。因此，双方都不可能同情对方，谈话也不再有效。被不忠方无休止地问问题，是最后一个让讨论无效的元素。一开始，不忠方可能觉得自己应该尽可能多地回答问题，但如果被不忠方不断提同样的问题或无休止地提问，不忠方很可能会很挫败、不再回应。这就形成了一个负性互动的循环，将伴侣推向分道扬镳的结局。以下是一个临床练习，能帮助解决这种负性互动。

> **临床练习："收集信息并提问"与"保护关系免受伤害"**
>
> 　　经常有人会问，如何在不忠暴露的开始阶段平衡这两方面的需求。被不忠方常常有很多问题或想要了解更多的细节和信息。这个需要是基于焦虑或愤怒的，但随着时间过去，也可能是基于纯粹好奇的探究。不忠方（通常）想配合，但常会感到尴尬或痛苦，有可能并不想再次体验那些事和细节，这会导致退缩的行为，进而引发被不忠方的焦虑和愤怒。不忠方也可能感到被"攻击"或"盘问"，会感到羞耻、被指责。这就导致了僵局，让双方都对关系感到无望。
>
> 　　最大的问题之一是伴侣会因害怕对方的突然袭击而采取守势。这会带来两个问题：①导致个体应对不良，说些不出自真心的或有破坏

性的话；②很可能事与愿违（如，当对方退缩或不配合，个体可能会感到挫败，而不是得到信息）。协商练习有助于平衡双方的需要。

首先，伴侣必须就讨论不忠的时间间隔达成共识——从数天到1周（一开始最好不要超过1周）。治疗师应该避免参与决策，而让伴侣自己协商合适的时间框架，但治疗师需要促进这一过程。在商定的时间内，双方都同意回答对方关于不忠和总体关系的问题。

其次，伴侣必须同意在商定时间之外不向对方提问。这减少了双方对被突然袭击的恐惧。在此期间，他们如果有问题、想法、顾虑等，应该以某种形式记录下来。然后在某个协商好的时间点（比如提前24小时或48小时），把记录下来的想法和问题给对方看，让伴侣对在指定的时间讨论什么有所准备。这同样也减轻了伴侣对被突然袭击的焦虑，允许对方深思熟虑地准备答案——伴侣常常纠结于对方笨拙的说话方式，忽略了他们有话想说（却没说）。

伴侣可能选择把治疗作为提出这些问题和话题的时间，也可能希望把写下来的东西拿给治疗师看。这常常可以很好地提示治疗师节奏是否合适，问题和主题的变化（或不变）也可以提示进展的情况。

这个过程让伴侣以一种更冷静的方式探索他们的反应，以一种非虐待、不攻击的方式表达感受而又不至于忽视对方。Pittman（2007）帮助伴侣结构化该讨论，建议伴侣避免仅仅陷于"为什么"的循环。他说：

"为什么"这一类的问题出了名的难以回答，因为总有那么多的因素难以厘清。我要了解的是你是"如何"做出这个决定的……"什么"和"如何"的问题比"为什么"的问题重要得多,却不被重视。

不忠方需要理解这样一个事实,即被不忠方只有在感到对方理解了自己的想法并表达了悔恨后,才会真正理解不忠方对不忠的看法。要通过以被不忠方满意的方式来讨论不忠,这种状态才能实现(Synder et al.,2007)。

处理闪回

闪回是处理坦白或被发现的不忠的创伤的另一个方面。闪回是对创伤事件突然而又强烈的情绪和认知"再体验",并感觉这种"再体验"好像是真的一样(或与真实难以区分)。被不忠方通常会体验到大量的、强烈的情感,甚至可能出现生理反应(心率增快、无法控制的哭泣等),这可能导致个体体验到类似惊恐的症状。"闪回"常被一个可辨识的诱发事件唤起。例如,丈夫发现妻子的手机里有一条来自未知号码的信息。这可能让他想起在之前妻子不忠期间那些莫名来源的短信和电话——那时她否认了不忠。当他就这条短信对质时,妻子保证这是一条误发的信息,她并没有和旧情人联系。这一否认触发了与妻子不忠有关的大量情绪。如果妻子没有意识到丈夫正在经历什么,可能会觉得他的行为是非理性的,觉得他没有"放下"或真的宽恕她。治疗师要能够向伴侣解释闪回是疗愈过程中正常的一部分,而如果能得到有效的处理,甚至可能意味着他们取得了进步。伴侣通过使用"暂停"、表达和发泄、理解生理反应以及写下反思性提问,学习区分过去的行为和闪回引发的感受——如果伴侣不了解闪回的概念,可能就不能有效地处理它。

临床练习：提问

最后，我想以一个练习来结尾，我把它用于伴侣治疗的早期。这个练习叫作"提问"，它可以带我们探究双方对关系承诺（重新承诺）的准备情况。在介绍这个练习时要提醒伴侣，他们可以迟一点再做决定，但做了决定就不能反悔。快速的决定可能在短期内会让人感觉很好，但快速且糟糕的决定可能造成长期的影响。例如，把不忠一事告诉家人可能会获得支持，但此后也可能要承受被评判的恐惧（尤其是如果伴侣仍然决定继续在一起）。

因此，为了评估伴侣对进入下一阶段治疗的准备情况，我问的问题是：

"你是否已经做出决定，选择留下或离开这段关系？"

在伴侣回答之前，我会介绍一下可能的回答有什么及其含义。

首先，我会告诉他们这个问题没在问什么。它不问你打算留下还是离开，而是问你是否已经决定好了是留下还是离开，这是截然不同的。换句话说，对此你已经想清楚了吗，还是仍然感到很迷茫（如创伤太重而不能集中精力思考）？

然后我会告诉他们这个问题在问什么。它在推进双方的决定，或者也可以是决定是否要"等一会儿"。目的是确保在一方或双方没有准备好的情况下，不要进入治疗。

接着，我会告诉他们答案的含义。

"是的"就意味着"我已经做出了确定的决定"（我们还不知道这

个决定是什么）。

"没有"就意味着"我还没有做出确定的决定"。

尽量不要接受"我不知道"这类答案，因为"没有"这个答案已经足够了，它比"我不知道"更为确定和清晰。

最后就是伴侣揭晓各自答案的"真相时刻"。如果双方都回答"是的"，即他们已经做好了决定，我会问他们是否愿意分享答案（通常他们都会愿意）。如果双方都决定继续在一起，我们就能进入治疗环节。如果任意一方表示不想继续在一起，治疗的焦点就转为帮助伴侣理解关系解体的意义。如果任意一方回答"没有"，这意味着他们还没准备好做出决定。此时，前进也许是不可能或不明智的，或许需要放慢速度。有时回答"没有"，表示伴侣需要与伴侣治疗师进行个体治疗来探索感受，或仅仅需要更多的时间来消化不忠的即刻后果。这一阶段的关键是耐心（不要催促伴侣）和力量（确保双方都知道他们能掌控未来的方向）。

结论

如果不忠已经暴露有一段时间了（数月或甚至数年），可能就不需要再进行本章描述的过程。完成这一阶段后，治疗师应该已经充分了解伴侣对治疗的承诺程度及其预后。此时，可以向伴侣介绍治疗不忠的三步模型（这与理解不忠的三步模型相同，但顺序相反）并"大干一场"了。

第 7 章

探索未实现的梦想、幻想和愿望，建立共同的新梦想、幻想和愿望

恐惧、不安全感和缺乏勇气阻碍了伴侣突破在婚姻中妥协的"身份认同"，也让他们陷入僵局……一方决定不忠，这是一场豪赌，有失败的风险。他们在面对问题时可能会丧失勇气，可能在没必要的情况下分手，也可能掩盖痛苦而决定"做自己"。时不时出现的不忠可能成为关系的常态，然而，双方也可能从直接面对问题中获得勇气，达到更高水平的诚实和亲密。

不忠的治疗模型

第2章中介绍了理解不忠的三步解释模型。具体来说，有三个要素：

（1）一段时期内对关系的总体不满意；

（2）感到的权力失衡；

（3）关系的梦想、幻想或愿望的破灭以及个体意识到对方永远不

可能满足其需要。

在图2.1的左侧,这些要素是三个向下的通向不忠之门的台阶,此时伴侣的一方已经穿门而过。第3、4、5章分别探索了每一级向下的台阶。而在帮助伴侣度过坦白或被发现的不忠之后,接下来就要处理伴侣关系的系统动力。

帮助伴侣从不忠中恢复的治疗模型始于此处。在图2.1右侧,同样的三个要素排列成三个向上的台阶,治疗师要用它们来帮助伴侣。这些台阶与解释模型顺序相反——首先是重建共同的梦想,然后平衡权力分化,最后学习如何适应关系满意度的起伏。这个模型给伴侣提供了一幅地图,展示治疗会如何进行,并解释每个阶段可以期待什么。这也有助于给伴侣带来希望,让他们看到终点或治愈的可能性。

本章将介绍探索双方最初带入关系的梦想、愿望和幻想的过程和技术,了解双方达成的"交易"以及不忠为何及如何破坏了共识。本章还会介绍一些技术以探索信任遭破坏后引起的情绪,以及指导伴侣为关系创造共同的新梦想并"达成新交易"的方法。

真正的工作从这里开始

一旦伴侣明确自己确实希望解决关系中的问题,在不忠暴露的最初打击过去后,真正的伴侣治疗工作就开始了。然而,这并不意味不会体验到闪回或其他显著的负面情绪。实际上,伴侣会有很多情绪波动,有时会觉得自己做得很好,"已经度过了最艰难的时刻";有时会因为感到没有任何显著的进展而挫败恼怒,对关系感到绝望。尽管情绪可能会影响治疗，但伴侣治疗师不去稀释这些情绪（尤其是面对来访者可能感受到的绝望）至关重要。伴侣治疗师常常不知道如何处理强烈的情绪，将其视为有害或无益的——虽然有时候情绪反应确实会进一步损害关系，但仍不要稀释情绪，使其失去活性，去掩盖或宣泄它。否则只会有两个结果：伴侣失去与彼此真正连接的重要机会；一方（或双方）隐藏情绪。这只会再次形成（或强化）当初的系统动力（如回避冲突、回避亲密等），而该动力为不忠创造了条件。

与之相反，伴侣治疗（和伴侣治疗师）必须从强烈的情绪入手。理解这些情绪来源的方法之一，是去探索作为关系"交易"一部分的梦想、幻想和愿望，并探索不忠如何违背它们。理解梦想、幻想和愿望，为处理所有这些困难的情绪提供了框架。如果伴侣治疗不做这个工作，这些情绪就很可能会爆发，从而破坏所有可能的进展。很多伴侣治疗师都会犯的战术性错误，是把情绪水平和探索共同梦想的工作留到治疗后期，留到事态"平息"之时。许多伴侣治疗师给伴侣的第一个任务，常常是共度"约会之夜"或学习基本沟通技能——虽然这很重要，但这不应该是首先要干预的。此时的目标，应该是与伴侣一起探索他们最深层的愿望和伤痛（尤其是探索关系动力为什么没能实现其愿望），最终创造一个共同的、显性而非隐性的新梦想。这将促使关系的系统动力发生真正的改变。

然而，如果没有痛苦，这个过程就不会发生。因为"告别"旧的信仰和行为方式，双方可能会感到明显的哀伤。此时系统也可能出现"倒退"或"回到原状"，下面将逐个简短说明。

哀伤

哀伤是在体验丧失、理解丧失的意义后，还能够继续生活的过程。很多人都熟悉Kübler-Ros（1969）的哀伤阶段理论，分别是：震惊/否认、愤怒、协商、悲哀/消沉、接受和希望。人们可能会经历这些情绪状态，虽然不一定是以线性的或唯一的形式。换句话说，有些人可能会同时经历多个阶段，有些人可能会以不同的顺序经历，有些人则可能根本不会经历。哀伤教育对帮助来访者理解自己正在经历的情绪并准确地标记它们非常重要。Worden（2009）说到，除了哀伤体验，个体还要完成4个哀伤的任务。首先是承认哀伤（或"讲故事"），其次是体验哀伤的情绪，第三是为丧失创造意义，最后是改变与丧失的人（或关系）的关系性质。

尽管通常我们是在所爱之人逝去的情况下才谈到哀伤，但当不忠暴露时伴侣双方都会体验到哀伤。他们必然为失去曾经拥有或认为拥有的关系而哀伤；他们必然为曾经寄托在关系中的梦想、幻想或愿望的破灭而哀伤。同样，如上一章提到的，由于不忠的创伤性质，他们可能会为丧失在关系中的身份认同而哀伤。正如Napier（2007）写到的：

> 被不忠方通常能意识到他们已经参与了对方不忠的开始与过程，至少是无意识的。他们并没有不忠，但当审视曾经忽略的迹象时，却可能感到极大的羞耻。被不忠方对婚姻中背叛的无意识预期的检视和反思是治疗后期的工作，而处理该个体的"抛弃预期"的童年基础很重要。

换句话说，他们必然为关系的丧失而哀伤，并必须接受自己在创造导致不忠的条件中所起的作用。这要求他们重新思考某些关于关系的假设，以及某些从原生家庭继承的想法。

另一方面的哀伤是，不忠方必然为与"第三者"的旧关系而"哀伤"，其对第三者可能已经有了真心实意的感情，这是非常难以割舍的，尤其是在分裂自我型不忠中。有些人可能会说他们无法做出选择，而不选择也是一种选择。他们觉得这样可以不犯错误，但这也意味着没有选择原本的关系。如果他们已经决定与伴侣在一起，就需要探索和整合这一类型的哀伤——这是在处理原本关系之外的。被不忠方可能会感到很受伤，但这是一个去探索曾经被忽视的需要和当初导致不忠的梦想及幻想的机会！

系统中的"回到原状"

根据第 2 章关于系统理论的介绍，所有的系统都寻求保持稳态和平衡。讨论这些主题无疑会改变系统，因此会激起看似不合常理的情绪反应——渴望保持（或回到）原状。它"引诱"伴侣把不忠"束之高阁"，宽恕不忠方并"向前看"。根据系统理论，当个体试图改变时，系统将会向其传递这类"回到原状"的信息。当系统中某人做出改变，别的成员也必须适应和改变。若别的成员抵抗这一改变时，努力做出（积极）改变的人可能感到"没被在乎"，自己甚至不应该费事做什么改变。因此，个体就会放弃新的行为。矛盾在于，整个家庭甚至可能一直在寻求改变（比如节食、戒烟、戒酒），但系统水平的行为已经与问题行为适应了，那么为了适应新行为，系统也必须改变。因此，系统的任何改变必须是有目的、有意识的。

面对不忠，伴侣系统需要改变，而这要从关系的梦想、幻想或愿望水平入手，也意味着伴侣要开始一起结构化他们的谈话，进行这一水平的改变。然而，讨论这些主题并不容易。据 Ether Perel（2017）所述，伴侣要做的事情之一，是在讨论不忠时从指责的态度转变为探究的态度。一些讨论感受和更深层的意义以引发系统改变的说法包括：

"谢谢你把感受告诉我。"

"请告诉我你需要什么。"

"请告诉我你对什么感到不安全。"

"我（在关系中）有什么失误和做得不好的地方？"

"我们是不是比以前聊得少了？"

"我们是不是比以前争执多了？"

"你觉得我们陷入了什么样的令人担忧的旧模式？"

"我们怎么才能打断它，做些不会引起不好感受的不一样的事情？"

"不忠对你造成的最深的伤害是什么？"

"什么让你当初觉得可以背叛？"

"我不要求你接受我做的事情，我想要你接受我这个人。我想争取看看。"

"我怎么做才能支持你的梦想？"

这些提问或表达没有"回避"困难的主题，伴侣必须讨论这些主题才能避免系统水平的"回到原状"的动力。做到这一点的伴侣值得表扬，他们已经决定接纳关系中的问题，也已经决意再次彼此坦诚相待。

伴侣常常会问:"人会改变吗?关系能破镜重圆吗?"作为伴侣治疗师,我们常常说:"是可以的,但通常要有他们真的想要、想争取或害怕失去的东西。"这似乎不合常理,你可能会觉得"人们不应该是出于爱而在一起的吗?"答案是肯定的,但当关系恶化且至少一方有考虑结束关系或另寻他人时,就需要更激进的方法,需要有想争取或害怕失去的东西。有趣的是,满意度高的关系也是如此。如果关系需要做些修正,就需要有要"争取"的东西(通常是共同的愿景或目标)或害怕某些不好的事情发生。实际上,所有的关系都存在"害怕的元素",后者让人们在一起。表7.1提供了关系中常见的害怕的元素的清单。

表7.1 关系中常见的害怕的元素

消极的害怕(自我聚焦的)	积极的害怕(他人聚焦的)
害怕失败	害怕失去与所爱的人的联结
害怕孤独	害怕失去亲密
害怕被抛弃	害怕造成所爱之人痛苦
害怕经济损失/失去地位	害怕达不到他人的期望
害怕尴尬	害怕破坏诺言

帮助伴侣解决不忠的问题,始于创造关于关系的新梦想、幻想或愿望。理解哀伤的情绪及可能阻碍这一工作的系统动力非常重要。一些来自各理论流派的工具和技术,可以帮助伴侣治疗师探索关系中旧的梦想、幻想和愿望并为创造显性的新梦想、幻想和愿望搭建桥梁。这些技术包括早年回忆、"最难忘的事"、意象练习和"冲突中的梦想"练习。

建立共同的新梦想、幻想或愿望的技术

早年回忆

早年回忆（Early recollections，ERs）是阿德勒在20世纪早期所创的技术。ERs是对来访者图示/人格和思维的临床理解的一个尤为丰富的来源。ERs源于这样一个概念，记忆和回忆不是一成不变的，而是一种重构。让个体回忆来自非常早年生活的事情将绕过关于自身的防御或当前的态度（"毕竟我那时只是个孩子！"）。另外，所选择的回忆将在情感上和主题上与个体当前（而不是过去）的经历一致（Clark，2002）。正如Garry和Polaschek（2000）指出的：

> 讲述我们生活故事的"自传体记忆"总在精确地被修订，因为我们的自我感觉也是如此。我们持续从过去的经历中提取信息，以满足当前某些需求的方式来填补空白。我们有意识或无意识地用想象来重塑过去，并用同样的方式重塑现在和未来。

因此，收集早年回忆可以提供丰富的信息来源，包括双方关于关系的梦想、幻想和愿望及他们在关系中的角色，还有不忠经历对他们的影响。最后，ERs中的信息非常有助于伴侣创造共同的新梦想、幻想或愿望。

收集早年回忆的指导语是："回想很久以前你还小的时候，试着描

第7章 探索未实现的梦想、幻想和愿望，建立共同的新梦想、幻想和愿望 • 147

述你能记起的最早的事情之一（Clark，2002，p.92）。"每个早年回忆都得是一个单独的、具体的事件，通常要在8岁以前，而治疗师应该接着问另外三个问题（见表7.2）：

（1）"在这段回忆中，你还能回想起别的东西吗？"
（2）"对你来说，这段回忆最鲜活的部分是什么？"
（3）"你当时的感受或情绪是什么？"

表7.2　早年回忆访谈流程

下面是推荐的在伴侣治疗中收集早年回忆的方法，用于给研究生和精神卫生从业者的教学（改编自 Kern，Belanger & Eckstein，2004）。

（1）告知伴侣，治疗师会记录可能看来与治疗过程无关的信息。

"我要你尽量往前回忆，最好是7岁以前，并告诉我你能记得的生命中的第一件事是什么？也许是你看到的某些东西、正在做的或发生的某事。某种程度上就像录像带的一个片段——有开头、中间和结尾。比如，我记得曾经……"

（2）一次选取一段回忆，并马上与伴侣进行处理。

（3）当来访者提供早年回忆时，要逐字记录，不要问可能引导来访者的澄清性问题。治疗师需要收集尽可能多的未经编辑的信息，任何为了澄清而提的问题都有可能干扰这个过程。在逐字记录回忆之后，问来访者"然后发生了什么？"。

（4）来访者结束回忆后，治疗师问"最清晰的细节是什么？"或"如果你能为这段回忆最生动的部分拍一张照片，这张照片会是什么内容？"

（5）问"当注意这个细节时，你有什么感受？"

注：以上描述是对早年回忆技术的概述，对早年回忆的诠释过程的全面考察不在本书范围内。

我们通常会收集至少三段 ERs。有些来访者可能很容易就能提供几段回忆，而有些需要很努力才能回忆起一段。Clark 指出，三段早年回忆通常就能提供足够的解释性材料，而又不至于花太多时间。其次，需要考量回忆的主题元素。如果来访者的早年回忆包含人物，应把他们理解为原型（prototype），而不是具体的人。例如，成人或父母可能代表权威人物或保护者。与社会关系相关的主题可能提供来访者对当前关系的某些感受，以及不忠对其的影响的线索。最后，治疗师可能会发现，来访者在有些早年回忆中是观察者，观察生活中的"行动"或他人，而非关系和生活的参与者。如 Adler（1931/1998）所述：

> 最早的回忆会显示个体对生活最根本的看法，是其最原初态度的充分表达，让我们一瞥其发展的起点。我探索人格，必会询问最初的记忆。

在收集过程中，讲述回忆的人会很快洞察其行为。同时，倾听者会与对方发生情感交流，并对当前行为的信念系统产生新的理解。这样的早年回忆能帮助伴侣洞察其僵局。来访者讲述早年回忆时，可能突然获得对生活中问题的洞察，这种情况并不少见。我们来看一对伴侣的例子。

早年回忆举例

妻子

(1) 我当时4岁，正在外婆家过圣诞节。我有一个大橱柜，你可以假装在里面做饭和"过家家"。我记得当时是在餐厅玩。我很兴奋，很快乐。

(2) 我记得那时和妈妈住在北方。外公来看我们，我们正要去一个中餐馆吃饭。我很激动。这是我第一次去中餐馆吃饭，它太特别了。我很激动，很快乐。

(3) 我记得当时是三四岁。是在爷爷奶奶家，家里都是一群自作聪明的人，我记得我编了关于 Jacques Cousteau 的故事，说他死于一条电鳗。我的叔叔相信了，我不敢相信他那么容易上当！我当时觉得成功戏弄了他真是最滑稽的事情！

丈夫

(1) 我五六岁的时候父母离婚了。我记得当时妈妈要上班，她的工作是在晚上当服务员。我记得她回到家，在餐桌上数她得到的小费的画面，都是零钱。她特别累。她那么累，工作那么辛苦，让我很难过。

(2) 我记得妈妈把爸爸赶出家门后的第一个圣诞节。我们把想要的东西列成清单，爸爸给我们带来了清单上所有的东西。我们得到了我们要求的。我很激动、快乐。

(3) 我记得有一次，那时我大约4岁，爸爸和外婆大吵了一架。我不记得是因为什么了。爸爸做了过分的事，妈妈很不高兴。我外婆打了他，扇了他耳光还告诉他他很差劲。我们都坐在客厅里，意外地瞪大眼睛。外婆很矮，但对所有事都很冷静。爸爸很难堪。我只记得她教训了他，我觉得他活该。"你活该"这句话让我很开心。

你能猜到是谁不忠了吗？是妻子，她和一个朋友有过一段亲密的柏拉图式的关系。丈夫是一名消防员，一周总有几晚不在家。一开始，她会表示当丈夫不在的夜晚她有多么想他，对他为社区做的事情感到骄傲。但几年过去，当丈夫常常晚上在外面打牌、打球后，她开始感觉他把她所做的一切当成是理所当然的，她似乎越来越不重要了。这些主题反映在了她的早年回忆中（"过家家"，对于要和外公去吃中国菜很激动，最后还有获得男性亲戚的关注）。对丈夫来说，他觉得自己努力工作了，理应得到属于自己的时间。他供养了孩子，觉得对孩子来说自己是一个好父亲，在家时却从未感到过"自在"。知道了妻子不忠的事后，他没有告诉朋友和家人，但愤怒和被背叛的感觉常常让他崩溃。

显而易见，这个案例中，关系最初"交易"的主题（感到自己是重要的和被关注的），以及生活环境和选择（实际上是他们创造的伴侣系统）没能让他们从彼此那里得到所需要的。而ERs为伴侣提供了一个潜在的途径，去探索如何为关系创造一个共同的、明确的、双方同意一起为之努力的新梦想（见表7.3）。

表7.3 常见主题或人们希望从关系中得到什么

感到自己是特别的或重要的	不被拒绝
获得乐趣	被保护和安全
被宠爱	不被忽视
感到有力量	归属
感到被需要	不被抛弃
感到有吸引力	做英雄

最难忘的事（Most Memorable Observation，MMO）技术

Walton（1998）介绍了一项技术，使用了许多与早年回忆有关的自传式技术。他发明这项技术，用来帮助与孩子有冲突的家长认识到其对孩子行为的反应（或过度反应）源于其原生家庭对养育的信念。据Walton（1998）所述，这一技术的原始指导语如下：

> 在我们10岁多或甚至不到10岁时，常常会就生活中那些看起来很重要的方面得出结论。有时是正面的："我真的很喜欢我家的生活。等我长大以后，在自己的家庭里面也要这样。"有时是负面的："我一点也不喜欢这样，这真是太令人讨厌了。等我长大以后，要竭尽所能避免这种情况在我家发生。"你的情况是怎样的呢？当思索12岁左右时的家庭生活，你得出了什么结论？

我修改了这个指导语，用来问伴侣关于父母关系的最难忘的事，以及基于此得出的任何"结论"。这常常能让伴侣治疗师帮助伴侣理解其达成的关系"交易"的性质，以及这种性质如何参与并形成了导致不忠的系统动力，也有助于伴侣创造共同的新梦想。因此，指导语可以这样开头："回想你父母的关系。如果他们已经离婚了，就想想离婚后他们的关系，以及他们和新伴侣之间的关系。"

现在让我们看看第5章中比尔和珍妮的例子。他们被问到了关于父母关系的最难忘的事。比尔说：

> 我记得我爸妈每周五和周六的晚上都会外出。他们会出去吃晚饭或参加聚会，等等。他们看起来总是很愉快。小时候家里总是有保姆，他们人特别有意思，所以我很喜欢他们。我猜是在14岁左右，妹妹和我就被独自丢在家里了。我记得当时想，等结婚以后我也要确保能过得愉快，做有意思的事。

因此，对于他来说，问题的关键是和妻子一起"没有乐趣"。他对关系的最初幻想的主题是："如果你能成为我的玩伴和朋友，我就会努力实现你对关系的梦想/幻想/愿望。"但孩子出生后，妻子想待在家里，不愿意和他出去旅行或和朋友吃饭，所以他就得自己想办法取乐（这导致了不忠）——而这并不是他真正想要的。下面是珍妮关于父母的最难忘的事：

> 因为爸爸是空军军官，我们得经常搬家！爸爸经常回家后冷淡地通知，我们将在一个月左右以后离开——我记得自己非常讨厌这种感觉——然后他就消失了，妈妈就要做所有的打包、组织和安抚工作。我记得13岁时，我们要搬到国家的另一边，这简直是个噩梦！我想我绝不会嫁给这样一个人，一个让我做所有事情，做出伤害我的决定并不考虑对我的影响的人！

对珍妮来说，问题的关键在于没有爱人的合作。她对关系的最初幻想的主题是："如果你保证不会抛弃我或让我感到孤单，我就会努力实现你关于关系的梦想/幻想/愿望。"孩子出生后，比尔却总是在外旅行或出差,珍妮开始感到被抛弃。她把所有的关注点放在组织、安排和做决定上,因为比尔似乎永远不在,而事情总得有人做(就像她妈妈一样),所以只有她自己做了。当得知比尔对她不忠,珍妮感到非常孤单,觉得被深深地背叛了,因为她一直认为这段困难只是他们要度过的一个"阶段",比尔最终也会坚持他的承诺,但他却没能做到。

治疗师接下来做的工作,是帮助双方从这些事情里面看到他们旧的梦想、幻想或愿望来自何处,为何会激起这么深的痛苦。等伴侣准备好以后,再帮助他们创造共同的、明确的并整合了一些(如果不是全部)旧梦想的新梦想或幻想。对于比尔和珍妮来说,他们认同的新梦想是:"我们会努力让彼此感到有合作感、有乐趣。我们想要共享幸福、共同做决定。"

意象练习

弗洛伊德最初用术语意象(imago)来描述个体对于父母的无意识(理想化的)心理表征,它形成于早年生活并保留至成年期(Love & Shulkin,2001)。Harville Hendrix 扩展了弗洛伊德关于意象的概念,使之成为关系功能(障碍)的核心特征。他创造了意象关系治疗(Imago Relationship Therapy,IRT)——一种心理动力的方法,其基本前提是认为关系中的每一方都带着融入个体意象的某种挫败和创伤。伴侣理解这些童年期未满足的需要,提供缺失的支持和情感而又不陷入其中,这些创伤就能够得到治愈(Hendrix,1996;Luquet,1998;Sperry & Peluso,2018)。

表7.4　意象练习

准备一张纸，将之划分为5部分，并标注A，B，C，D，E。在这张纸指定的区域内回答以下问题：

A. 回想小时候（从出生到18岁），列出养育你的或对你的生活有明显影响的人的至少三个突出的负面的特征（例如，愤怒的、吝啬的、漠不关心的、悲哀的、消沉的等）。

B. 列出这些人的三个正面的特征（例如，关心他人的、慷慨的、热情的、聪明的、有趣的等）。

C. 回想家庭成长经历，你最需要或想要从周围人那里得到什么——什么是你从心底里渴望的（例如，我需要感到安全，我需要被重视，等等）？

D. 回想儿时最幸福的记忆。可以是和家人一起，和朋友一起，在学校，在校外，等等。然后列出这时你的感觉如何（例如，幸福、安全、被爱，等等）。

E. 回想儿时挫败的经历，不仅是与家人一起的，包括与任何人一起的（朋友等），描述你面对这些挫败的反应是什么（例如，生气、大喊、更努力、独自承受、指责他人，等等）。

这些都完成以后，回到开头，在每个回答前写下下面的话：

(1) "我被一个……的人所吸引"

(2) "我期望他或她……"

(3) "这样我就能得到……"

(4) "并感到……"

(5) "但我通过……不让自己得到这些"

这些都填完后，你就得到了双方的意象。

注：改编自 *Getting the love you want: A guide for couples*, by H. Hendrix, 1988, New York: Henry Holt; Imago theory and the psychology of attaction, by P. Love and S. Shulkin, 2001, *The Family Journal: Counseling and Psychotherapy for Couples and Families*, 9(3), 246-249; and The relational paradigm, by W. Luquet, 1998, W. Luquet and M.T.Hannah (Eds.), *Healing in the relational paradigm: The imago relationship casebook* (pp.1-18), New York: Brunner/Mazel.

第 7 章　探索未实现的梦想、幻想和愿望，建立共同的新梦想、幻想和愿望 · 155

意象练习很像早年回忆或最难忘的事，能了解伴侣的潜在需要及其与他们对关系的梦想、幻想和愿望的关联。伴侣努力让对方满足自己的需要，却没能成功——通常是因为他们没有在意识层面上了解这些需要——这让他们寻求治疗。当对方违背这些期待时（尤其是不忠发生时），伴侣会感到困惑和挫败。这时，源自童年经历的痛苦感受浮现出来，往往也必须在它对关系造成更多破坏前就加以处理（Luquet，1998）。然而，这也是一次机会，能看到双方（不管是不是不忠的一方）如何带入了源自童年期的、未言明的动力和期待。表7.5显示了一对伴侣在意象练习中的回答。

表7.5　一对伴侣在意象练习中的回答

	她的回答	他的回答
我被一个……的人吸引	愤怒、冷酷、固执、挑剔的	喜怒无常、严厉、好斗的
我期望他是……	慷慨、快乐、孩子气的	关心他人的、支持的、好相处的
这样我就可以得到……	包容、安全、天真	友谊、关注、爱
并感到……	惊喜、有趣	安全、幸福、快乐
但我通过……不让自己得到这些	隐藏难堪、叫喊	反击、撒娇、戒备、见诸行动

尽管伴侣并不总是同意这些说法（通常是对"被谁吸引"这一问题的说法），该意象准确性却常常令每个人惊讶。双方一起做这个练习最为有效。在前面的例子中，双方能后退一步，看到各自在让需要得不到满足或让梦想和幻想无法实现的过程中发挥的作用。他们也可能发现对对方隐藏的期待（"……而我期望他……"），而如果对方对此并不知

情,还希望让他满足这些期待,这样的要求也太高了。

通过这个练习,伴侣可以开始形成共同的梦想。他们通过了解对彼此的正面期待、想要的感受、想要的目标,能创造出一系列明确的且双方认同的期待、梦想、幻想或愿望。此外,伴侣还可以把最后一个问题的答案看成"警示标志",代表一方对关系感到不安,或担心需要得不到满足。当这些情况出现时,伴侣可以相互提醒共同的梦想以及努力的目标。这能帮助他们从当前冲突(以及旧的、无效的系统反应)中后退一步,看到更大的明确的目标(一个新的平衡点)。

冲突中的梦想

John Gottman 和 Julie Gottman 有45年以上与伴侣工作的研究和临床经验,还发明了一个伴侣治疗的体系。他们在对伴侣(幸福的和不幸福的)的观察中发现,所有的关系都存在冲突。大多数冲突(近69%)与长期存在的或无法解决的问题有关,包括不太可能改变的个人喜好或人格差异。有些伴侣似乎总处于冲突的"僵局"中,而有些找到了办法绕过冲突(尽管不一定最终解决)。那么,婚姻"大师"比婚姻"失败者"强在哪儿?他们回答:

> 我们的结论是,关系大师们知道要如何"从僵局到对话"来解决长期问题,因为他们能从根本上接受对方的人格,从对方的角度讨论和理解存在的隐藏议题、梦想。

他们用"爱的小屋"结构来描述促成高效和满意的关系的全部元素。小屋的"高层"之一是"处理冲突"(尤其是无法解决的冲突),其后是顶层("实现生活的梦想"和"创造共同的意义"),这三个元素对于成功的关系至关重要。伴侣如果长期处于无法解决的冲突中,就无法实现梦想或创造共同的意义。"冲突中的梦想"的技术能帮助经常陷入僵局的伴侣,让伴侣检视"各自立场的意义并找到方法尊重与之相关的梦想和核心需要"。这也能有效地帮助伴侣探索那些未表达的关于关系的梦想、幻想和愿望,并一起构筑新的梦想、幻想和愿望。

表7.6 "冲突中的梦想"练习

记住,每一次僵局背后都有你们各自想要的一些东西、一个故事、一个生活的梦想。在这个练习中,不要试图去解决问题。而是要说出所持的立场对你意味着什么,分享背后的各种想法和感受。练习的目的是找到立场背后的象征性意义,而不是为立场辩护。

双方将轮流发言——当其中一方是讲述者时另一方是倾听者。

讲述者

作为讲述者,你将讲述自己立场背后代表的梦想和意义,你的任务是拨开表面的"迷雾"。这就像头脑风暴一样,不存在所谓愚蠢的想法,也没有板上钉钉的东西。这是尽情大声讲述的时间。

倾听者

扮演倾听者的角色。

倾听者需要提问或提供反馈,帮助对方表达他的梦想。

不要防御;不要评判;不要批评;不要为立场辩护;不要发表意见。

一些提问的例子:

立场的背后是什么?	有什么由来吗?
它象征着什么?	它为何对你如此重要?
具体是什么情况?	这个问题对你意味着什么?

讲述一段时间后,伴侣治疗师可以向伴侣提供可能的梦想清单并看看其中是否有贴切的条目。接着再交换角色。

往往伴侣提出的意在鼓励对方回应的问题，会听起来像是在批评或刺探。Gottman 提供了一些提问范例（见表7.7）。

表7.7 倾听者的提问范例

使用这些问题从对方处获得更多关于其梦想的信息。这会让他/她更详细地描述梦想，而倾听者会了解这些梦想对其的重要性。

你对这个问题的信念是什么？
你对此的感受是什么？
这些事情对你意味着什么？
这和你的过去有什么关联吗？
你想要什么？你需要什么？
为什么这对你很重要？
你在这个问题上的立场有什么含义？
你对此的全部感受是什么？
此处有没有什么感受被你遗漏了？
此时你的愿望是什么？
此时你的梦想是什么？
如果你得到了想要的，想象一下事情会是什么样子的？
在这件事上你有更深层的目的或目标吗？
为什么这对你是谁、你的核心身份认同很重要？
这和你的某些信念或价值观有关吗？
你有不能实现这个梦想的恐怖或灾难性的设想吗？

注：改编自《信任的科学》（*The Science of Trust*，Gottman，2011）。

最后，冲突背后的梦想在不同伴侣间有一些共同的主题。Gottman（2011）提供了一个清单，帮助临床工作者更容易地对伴侣进行归类（见表7.8）。当然，使用时要根据每对伴侣的情况加以调整，这也不是一份完备的清单。

表7.8 梦想主题的类别举例

自由感	体验平静
探索"我是谁"	冒险
心灵之旅	公正
尊重	与过去统一
疗愈	了解自己的家庭
自我实现	有权力感
探索自身创造性的一面	变得更有力量
走出过去的伤痛	变得更有能力
请求上天的宽恕	探索一部分已经失去的、陈旧的自我
克服个人的症结	有秩序感
高效	有一个空间能做自己
真正地放松	反思自己的生活
把事情按轻重缓急安排得有条不紊	完结某些重要的事情
探索自己的身体	能够竞争和获胜
旅行	安静
赎罪	建设某些重要的事情
断舍离	理想的爱

注：改编自《信任的科学》（Gottman，2011）。

现在我们来看一个案例，并运用"冲突中的梦想"练习来帮助伴侣为关系创造新梦想、幻想或愿望。

安丽思和德里克

安丽思（42岁）和德里克（45岁）已经结婚21年了。他们有两个孩子，分别是15岁的女儿吉尔和10岁的儿子亚历克斯。在德里克发现安丽思与同事菲尔的不忠关系后，他们一起来接受伴侣治疗。这件事中有一个额外的复杂因素,即安丽思和德里克在同一家律师事务所工作(安丽思是一名律师助理,而德里克是一名律师),而安丽思的情人菲尔也在同一家公司工作,是位律师合伙人。

安丽思和德里克表示,他们的关系在过去几年里变得非常糟糕。德里克认为这是由于他们越来越多地将精力集中在孩子的身上。他也承认自己对工作投入太多,但又合理化为全靠他工作的成功为家人提供了舒适的生活条件。安丽思生气地说,近20年来她牺牲了自己的追求(回到法律学校学习等)以支持德里克事业的发展,换来的却是他的冷淡和沉默。她表示,嫁给德里克是因为她认为自己是个"乖乖女""这是我应该做的事情"。但最近她开始不确定自己是否真的爱过德里克了,而与菲尔在一起,让她感觉自己"活了过来"。

除了婚姻本身,他们与孩子的关系也存在问题。吉尔总是和她妈妈作对:争吵、离家出走、使用毒品,最后还怀孕了。小儿子亚历克斯过去是优等生,热爱体育运动,现在却频频挂科,也不再参加体育活动。后来我们得知,吉尔在很久之前就发现妈妈的不忠了。她在妈妈的手机上看见了一条信息,上面有妈妈和菲尔接吻的照片。她一直没有告诉父亲,保守这个秘密让她觉得自己是个"叛徒",但她又不知道该如何告诉父亲(吉尔很爱父亲,但又认为他很懒)。对亚历克斯来说,他觉得被妈妈忽视了,并感到家人彼此疏远。尽管运动是他和父亲的一个连接点,他却开始变得退缩,即使成天在房间里玩网络游戏,也没人来看他一眼。

菲尔的妻子起诉离婚后,德里克才发现自己妻子的不忠。菲尔的妻子发现菲尔和安丽思发生了性关系,在离婚过程中使用了相关证据。结果,公司的其他人也听说了这件事,这让德里克很是难堪:"我

> 觉得每个人都知道我被欺骗了！"对此，安丽思觉得不需要换工作，认为"办公室流言"总会过去（"我们又不是被抓到的第一对有风流韵事的同事，也不会是最后一对！"）。德里克则考虑过离开，但他在别处不可能获得同样的成功了，这也让他觉得被困住了。同时，菲尔同意结束和安丽思之间的关系，尽管这对安丽思来说还有些困难。

根据 Brown（2001）的分类，这种不忠属于分裂自我型不忠。安丽思觉得她为德里克、为这个家压抑了自己的感受（和事业），并感觉应该得到一个机会，去为自己做点什么并享受一下生活。进行"冲突中的梦想"练习时，审视冲突很重要。

德里克："我的妻子没陪过我。我很忙，有空时就希望和她放松地待会儿。但她会变得很烦躁，最后我就只能自己待着。她总是让我陪她参加聚会、跳舞、去没去过的餐馆吃饭或去酒吧，但我并不想去。所以她几乎每周都把孩子扔给我，去享受所谓的'闺蜜之夜'。我真的不理解！"

安丽思："我丈夫的生活方式让我窒息。在本该是二人世界的时候，他总是带孩子一起或沉迷工作。他只对待在家里看视频感兴趣，我都没法让他离开沙发。他不懂我想要什么，我希望在我们还年轻时享受一点点生活。我只是想要自由，想有机会做我想做的事情——有他没他都行！"

现在，我们来看看冲突中可能的梦想：

德里克："我父母很穷，需要不停地工作谋生。我一直穿别人穿过的或旧货商店里买的衣服。父母在家时总是在为钱争执，我则会跑出去在树林里玩到天黑——只有这样才不用听这些争论。我会去朋友家玩，并梦想能生活在他们那样的家庭里。别人来我家会让我很难堪，因为家里太破了。我从不曾有安定的感觉，从不能放松，我觉得自己一直生活在焦虑的状态中。既然现在我们已经有了很好的生活，已经事业有成，那在业余时间，我想做的只是蜷在沙发上看一本好书，或和爱人一起看电影、做饭、在美丽的乡间散步或聊天到深夜。"

安丽思："我一直是个乖乖女。做一切别人告诉我要做的、我也认为做了能为别人带来快乐的事情。虽然这样并没有让妈妈快乐，但我认为我会做得比她好。我想，如果我嫁得比妈妈好，我和爱人能有很好的工作，那我们就会很快乐。我成长于一个不快乐的家庭。我妈妈总是很悲伤，而爸爸总是不在家——他看起来过得很开心，但我从未能分享一丝一毫。上高中以后，我终于能逃离这个家了。我买了辆车，交了男朋友，我们出去看电影、跳舞。这些都太激动人心了，我不想失去那种感觉。"

双方一旦发现冲突背后的这些梦想（对德里克来说，成功意味着享受日常生活的乐趣；对安丽思来说，成功意味着能去体验生活中的激动人心之处），就能走出僵局（"只想待在家里"与"只想逃离家里"），并开始围绕"既然已经获得了成功，享受生活对于你来说意味着什么？"

这一想法创造一个共同的梦想。伴侣必须一起有意识地、深思熟虑地去完成这个梦想，去决定他们想要什么、不想要什么。如此一来，也许能开启以前从未有过的或从未想到会有的对话。

在做这个工作时，伴侣创作一份联合声明（并把它写在纸上）会非常有帮助。在声明中包含尽可能多的"我们"也会很有帮助。例如：

> 我们要守护双方的心灵安全。我们要最小化伤害，最大化欢乐和喜悦。我们将抓住每一次机会去共同努力、共同分享和共同玩耍，以达到以上目标。

在接下来的治疗中，这份联合声明可以作为试金石，帮助伴侣获得勇气，克服困难，进行对话，共同塑造一个新的未来。

结论

尽管这是治疗的起点，但也是一个非常重要的终点。伴侣决定共同为新梦想、幻想或愿望努力，这将让他们获得最终的成功。虽然还有许多工作要做，但达到这个目标就能显著地增加成功的机会。

第 8 章

重新平衡跷跷板：分享权力和共同合作

  她讨厌总是需要向他伸手要钱来买生活必需品，而他也不喜欢她花钱"大手大脚"。在家里，她让他觉得自己在带孩子和做家务上一无是处，因此十分不满。而她觉得他永远不会帮她做家务，"我们都在上班，但为什么我却是负责洗衣服的那一个？"他们记得过去并非如此，他们曾经共同合作……

  上一章讨论了如何为关系创造新的梦想、幻想或愿望。与双方带入关系的最初的梦想、幻想或愿望相反，新的梦想、幻想或愿望是清晰的、共同的。但任务并没有完成，事实上，权力失衡是促成不忠的条件，且并不会因伴侣对关系有了共同的愿景就神奇地消失了——但这一愿景确实使讨论权力差异变得更容易了。

  本章将讨论权力和公平的问题。这要求伴侣将其关系理解为"共同创造一个单独的系统"，而不仅仅是二人需要的总和。从系统的角度看，重新平衡权力差异的技术，需要协商技能和沟通技能。本章将介绍完成这一任务所需的技术。

梦想、幻想、愿望和权力

如第4章中提到的，权力是让他人做某事或让他人遵从某人愿望的能力。权力斗争是伴侣一切冲突的核心。Gottman（2017）讨论了伴侣"长期僵局"的概念。事实上，他们认为伴侣面对的大多数冲突都是长期的、无法解决的。这些冲突的核心都与权力有关，而且有可能无法解决。它们源于个人的希望和需要，取决于伴侣是否愿意妥协。当问题无法解决，价值观或所秉持的信念发生冲突时，友好共识是伴侣要达到的最重要的平衡之一。如果能达到，就代表他们真的能分享权力——纵然彼此大相径庭，也允许他人的立场或意愿与自己共存。而且别弄错了！冲突并不会因为有了新梦想、幻想或愿望而结束。事实上，冲突有时可能会更尖锐、让人更不舒服。

这些冲突和权力失衡可能是长期的、根深蒂固的，但要想从不忠中恢复，必须检视和转变旧的运行模式。两个最常见的权力失衡的原因是性和钱。伴侣的性满意度和经济决策与亲密、边界和权力紧密相关。消费决策（怎么消费和谁消费）常常能给治疗师提供关于关系背后动力的至关重要的线索。例如，如果一方没有银行卡的控制权或比对方赚得少，就可能总是会感到需要顺从对方。性决策也是一样的：谁能决定时间？谁能决定内容？满足了谁的需要，没满足谁的？这些都是了解关系中谁更有权力的重要指标。

然而，还有一种比较隐蔽的情况，出现在不喜欢矛盾，并倾向于回避矛盾的人身上。这些人会回避或忽视问题，一言不发已经是好的了——这会带来尴尬、拉远双方的距离——最糟的是问题重复出现并得不到解决。这些问题常与养育、生活方式的选择、宗教有关，背后折射的是个人价值观。

价值观冲突是关系中某些最持久、最能造成分裂的冲突的核心。当权力失衡时，至少有一方会感到需要在价值观上有所妥协。解决这些冲突并理解背后的价值观，能让伴侣双方和伴侣系统本身更清晰。这意味着摆脱看待自己、他人或周围世界的旧方式，意味着变得更自信（"我应当允许自己争取想要的东西，而不是恳求或默默期待，当然争取后也可能得不到它们……"），意味着更自主（"我是足够好的；我是有价值的，不需要依赖他人的确认"）。不管是哪种类型的不忠，如果双方可以平衡权力且共同做出（大多数的）决定，伴侣动力几乎都能从有问题的转变为更有效的。

不忠的类型	被解决的或改善的结局
回避冲突型	解决冲突
回避亲密型	更深的亲密
性瘾型	性整合
分裂自我型	完整地活着

唯一之前没介绍的不忠类型是退出型不忠。退出型不忠的目标是结束关系，任何试图解决的尝试往往都是无效的。如 Brown（2007）所述，理想的结局是解决与结束关系有关的问题。这不是说治疗师应该放弃这些伴侣，而是治疗时应该采取更现实的态度（想结束关系的伴侣不太可能为关系创造新梦想、幻想或愿望）。

如果伴侣一方无法在原有关系和情人间做出选择该怎么办（如在

分裂自我型不忠的情况下）？在不放弃与第三者的关系的情况下，伴侣关系有可能继续吗？事实上，这非常困难。不是不可能，但确实很困难。思考如下案例。

总统富兰克林·罗斯福

美国第32任总统富兰克林·罗斯福和妻子埃莉诺的关系在美国历史上是独一无二的。罗斯福在"经济大萧条"和第二次世界大战期间的动荡年代任美国总统，而埃莉诺成了他人权利的捍卫者并在联合国工作。20世纪20年代，罗斯福得了脊髓灰质炎并因此而瘫痪，只能依靠埃莉诺当他的"眼睛和耳朵"，他去不了的地方就让她代替，她在这方面做到了其他政界伴侣从未做到的事。然而，他们的婚姻却是另一番景象。首先，罗斯福的母亲莎拉不接受埃莉诺——在罗斯福的生活中，母亲是一个强势又厉害的角色。莎拉经常与罗斯福夫妇住在一起——他们在纽约市建了两所紧挨着的房子（每层都相连通）——她还帮着儿子粉刷和装修房子。埃莉诺从未参与房子的装修，也不觉得房子是她自己的。

说到性关系，埃莉诺不喜欢他们的性生活，觉得那是在"忍受折磨"。1914年（他们结婚约11年后），埃莉诺聘请露西当她的秘书，后者成了这个家庭的常客，与夫妇俩的关系都非常亲密。据说，在1916年左右，罗斯福和露西开始在埃莉诺和孩子不在时发生性关系。一篇对他们婚姻状态的报道称，罗斯福和埃莉诺的侄女爱丽丝曾经说过："他应该享受享受了……毕竟他娶的是埃莉诺！"很多人都认为这桩婚姻"不够般配"。

1917年起，露西转而为海军工作，而罗斯福正是海军副部长。因为埃莉诺拒绝出席游艇派对，罗斯福会带露西出席。埃莉诺在1918年发现了罗斯福和露西的情书，得知了他们二人的不忠。这对埃莉诺当时已经非常低的自尊是一种毁灭性的打击，根据她母亲的说法，埃莉诺认为自己是"没有吸引力的"。在和罗斯福婚姻的早期，她曾向侄女哭诉自己担心无法留住罗斯福，因为他"太有魅力了"。现在她悲痛欲绝，因为自己不像露西一样能懂得罗斯福对性和陪伴的需要。信中可以看出，罗斯福对露西感情更深，于是埃莉诺提出自己可以离婚，"让罗斯福获得自由"。但罗斯福的母亲出面干涉，阻止二人离婚——并不是在乎埃莉诺，而是担心毁掉罗斯福的政治生涯。

据詹姆斯·罗斯福（埃莉诺和罗斯福的儿子）所述，自那以后，罗斯福夫妇的婚姻就像"进入休战，直到他去世的那一天结束"。埃莉诺后来似乎承认了这一说法："我有大象一样的记性。我可以原谅，但不会忘记。"

尽管罗斯福向埃莉诺做出了承诺，却仍暗中与露西（此时她已经嫁给了一个富商）保持联系，整整十年都在和她通信。同时，罗斯福聘请了另一位私人秘书梅西，在埃莉诺不在（或不愿出席）时，梅西要承担许多女主人应该承担的职责。她和罗斯福有许多共同的爱好（集邮、打牌）和社会活动（埃莉诺不喜欢喝酒，而罗斯福会参加每日迎宾鸡尾酒会）。在罗斯福患病和康复期间，以及在其后来的州长任期里，梅西一直与他保持关系，不论是工作上的还是私人生活中的。然而，不同于与露西的情况，埃莉诺容忍了这段关系。据说虽然他们关系非常密切，但由于罗斯福在1921年因患脊髓灰质炎而瘫痪，故无法确定这段关系是否是性关系。在罗斯福当选总统后，梅西成了幕僚长，入驻白宫。

> 与此同时,他与露西的关系并没有结束,而是转到"地下"。罗斯福一直在给她写信,有人推测这些信件可能是1927年梅西某次精神崩溃的原因。1941年,梅西不幸中风,而露西的丈夫也因病丧失了行动能力(耐人寻味的是,梅西和露西的丈夫都于1944年过世)。这时,罗斯福开始与露西恢复联系,并让女儿南希(此时,由于埃莉诺的频繁缺席,南希已是罗斯福的社交秘书,行使白宫女主人的职责)安排自己与露西的私人会面。埃莉诺对这些会面一无所知,南希在这样的处境下也很不安。1945年4月12日,罗斯福感到后脑勺剧痛,这时露西正和他一起在位于佐治亚州温泉镇的"小白宫"中。他因中风去世,那时露西就在床边。当得知这些情况时,埃莉诺感到痛苦万分,尤其当她得知是南希把露西安排在那里后(她在27年前就禁止罗斯福再与露西见面),母女间关系疏远了多年。

背景信息是重要因素之一。首先,这段关系发生在一个世纪以前,那时离婚不可避免地与人性堕落和丑闻密切相关。然而,这段关系也不是那么难以理解。罗斯福夫妇的案例之所以有趣,有以下几个原因。他们间存在数个无法解决或协商的"长期僵局"(性、酒精、兴趣爱好、婆媳),不忠满足了彼此的需要。然而,对此的最佳视角可能来自埃莉诺本人。她后来在传记中写道,自己有时没能"满足钟爱之人的需要",她说,"你必须学会允许别人来满足爱人的需要,并接受她,不要痛苦和嫉妒。"我们可以根据一些历史记载去推测关系的动力——这是一种伙伴关系,而没有太多的爱或激情的存在。罗斯福和埃莉诺有一些共同的理想,但没什么共同的个人兴趣。他们能够形成新的关系愿景或梦想,也找到了在关系中分享权力的方法。如 Napier(2007)所述:

坏在他人之手的这种感受是连锁的，即使每个人都倾向于把他人看作自己绝望的来源。人们既看不到模式中的共谋性质，也看不到双方在应该更诚实、更亲密时都缺乏勇气。他们也不了解，强大的移情会传递给双方一种感觉，让他们不能明白地提出要求或冒险去暴露脆弱的部分——因为他们在原生家庭中就不能这样做。当然，真正的亲密对他们来说也是非常可怕的，也许双方终身都与之无缘。

因此，罗斯福寻求了另外两个女性的陪伴，来填补埃莉诺不能承担的角色。

重回跷跷板和权力失衡

回到第4章关于跷跷板的隐喻和权力失衡的部分。如果一方太重了（拥有所有的权力），就无法到空中去（要承担所有的责任，不能享乐）。反之，如果一方太轻了（没有权力），就会害怕永远落不了地，或另一个人会突然起身离开导致自己摔下来（任由他人掌控，无法影响决策）。平衡跷跷板（和权力）是关键，但做起来并不像听起来那么容易。原因主要在于"谁有更多的权力"，部分取决于个人感知——也许双方都感到自己是任对方摆布的。平衡伴侣权力，还要了解双方对于伴侣间权力分配的角色模型的认知从何而来。这意味着要研究双方的原生家庭，而获得这一信息的最好（和最快）的方法是家谱图。

原生家庭及使用家谱图来理解系统中的权力

家谱图是 Murray Bowen 在20世纪50年代发明的家庭治疗评估工具，为家庭治疗师所用（McGoldrick，Gerson & Petry，2008）。这是一种简单而形象的方法，用于追溯伴侣当前功能水平的多代际影响。前文曾谈到家庭过程倾向于自我重复，尤其是个体有未解决的情绪问题时（McGoldrick et al.，2008）。我们可以用家谱图追溯家庭中成瘾、暴力、离婚，甚至慢性疾病等现象反复出现的模式（Hardy & Laszloffy，1995；McGoldrick et al.，2008）。探索伴侣在原生家庭中的历史，常会让彼此发现有用的信息，以便澄清某些问题并进行治疗。家谱图所报告的基本信息包括家庭成员的姓名和年龄（通常包含三代）、婚姻状况（包括离异或分居）以及死亡情况（Hardy & Laszloffy，1995；McGoldrick et al.，2008）。图8.1和图8.2展示了家谱图中代表个体情况和关系类别的符号。

定义家谱图：符号

符号	含义
□	男性
○	女性
△	未出生的孩子
⌒○	双胞胎（女）
▭	来访者本人
⊗	已经去世的女性
▬	成瘾（药物或酒精）
○□○	全家人

图8.1　家谱图：符号

定义家谱图：关系

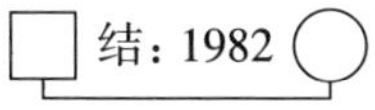 结：1982	婚姻
 离：1985	离婚
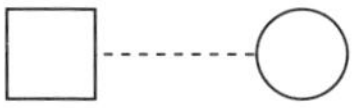 （虚线连接）	恋爱关系
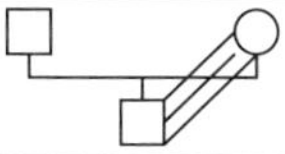	母亲与儿子间纠缠的关系
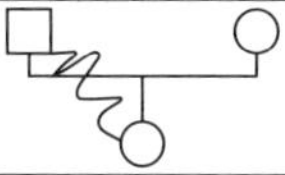	父亲与女儿间的冲突
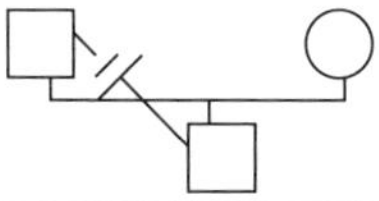	父亲和儿子"断绝"关系

图8.2　家谱图：关系

此外，家谱图还提供了有关边界、亲密度和权力的信息。首先，它能生动地显示原生家庭中这些元素的所有代际模式。往往当治疗师将其摆在伴侣面前时，这些"家庭遗产"、期望或习惯的直接影响就变得更加清晰可见了。边界是系统理论中的重要元素，关于结构或边界要搞清楚的问题包括：还有谁也被认为是伴侣系统的一部分？相比伴侣彼此，父母或孩子是否与伴侣一方有着更紧密的关系？家庭是父权的还是母权的？这是一种代际模式吗？所有这些对伴侣关系有何影响？关于亲密的问题包括：代际中其他人的关系质量（亲密或疏远）如何？伴侣如何对待或回应彼此对亲密接触及亲近的需要和渴望？当面对亲密需要的冲突时，伴侣是如何使用情感距离和物理距离的？这些问题根本上都有关权力：如何在关系中平衡它？谁说了算？伴侣如何决定谁要去做什么？这些问题的答案为治疗师评估伴侣系统的权力分配提供了重要的依据（Sperry & Peluso, 2018）。我们来看一对伴侣的案例。

泰德和南希

在开始治疗时泰德和南希已经结婚7年了。在发现泰德和其同事的不忠后，南希发起了治疗。他们有一个5岁的女儿和一个3岁的儿子，双方都表示如果可能，想要继续在一起——主要是为了孩子。不忠是这样暴露的：南希带孩子回娘家时，因对泰德有所怀疑而提早回家，果然发现泰德的一个同事穿着南希的睡衣在他们家里。泰德申辩说，他和南希已经有1年多没有性生活了，自3年前儿子出生后，他们就开始产生隔阂。泰德认为，实际上他们之间的问题在刚结婚时就存在了，因为南希总是"跟在她妈妈屁股后面"。

他们通过探索双方的原生家庭绘制了一幅家谱图（见图8.3）。

家谱图显示，在南希很小时，她父母就离异了。她与父亲不太亲近，却与继父（母亲离婚前就与继父有了不忠关系）关系密切。在她十几岁时，母亲（又是一系列不忠）与继父也离婚了。南希为此很恨母亲"让继父离开了自己"。母亲后来不断再婚又离异。南希发誓不要重复母亲那样的婚姻，但也承认自己有点离不开她："她像我最好的朋友，而不仅仅是妈妈。我知道这听起来很奇怪，但确实如此。"她承认一天会给母亲打好几通电话——每天晚上至少要打一通（泰德这时通常都在），她们会聊很久。泰德抱怨南希"总是花大量时间和她妈妈在一起，却从不这样对我。"南希愤然说到她妈妈需要她，"而且我爱我妈妈，和妈妈做朋友有什么错吗？"

泰德原生家庭的情况有所不同，他父母虽然有很多冲突但却一直在一起，直到5年前父亲去世。他常常护着父亲，所以和母亲的关系有

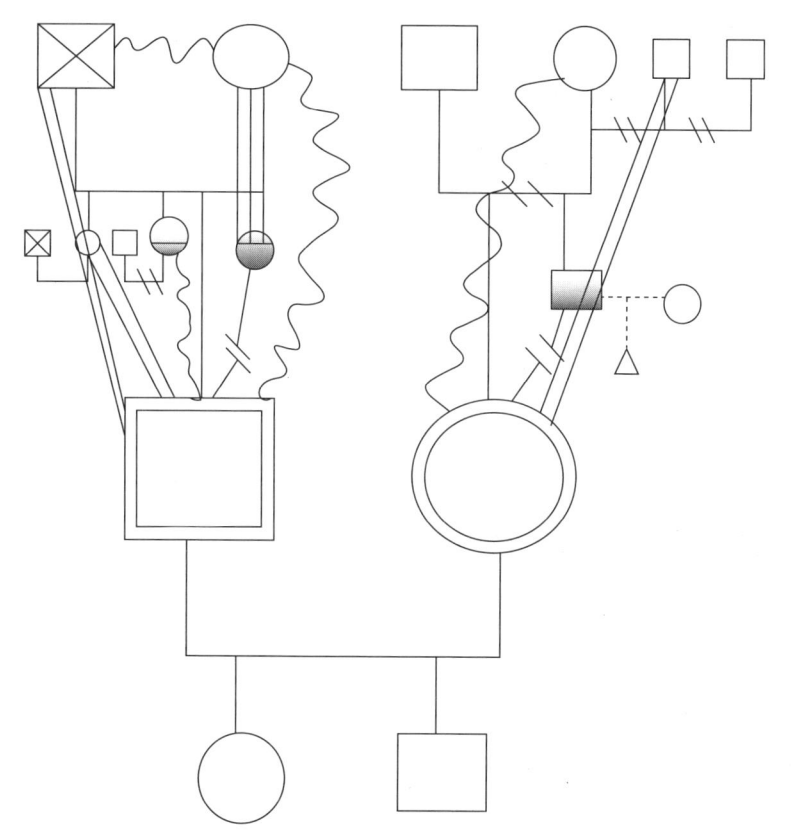

图8.3　泰德和南希的家谱图

点紧张。他是家里唯一一个儿子，上面还有4个姐妹。他和大姐最亲近（"她比我妈更像妈妈！"），现在和最小的妹妹没再有联系（比他小1岁），他觉得妹妹"总是跟在母亲屁股后面"，就像南希和她母亲一样。泰德回忆起，与母亲明显"神经过敏"的个性相比，他欣赏父亲的强壮和果断，而且惊讶于父母居然没有离婚。

在泰德和南希的婚姻中，双方都没有为彼此留出足够的时间。他们都以事业为先，孩子第二，然后是别的事（家人、宗教、朋友），最后一位才是彼此的关系。他们自欺欺人地认为优先考虑了对方，但亲近的人都知道事情的真相。南希的母亲甚至告诉她："我很担心你们，你们应该花时间在一起，出去约会。"尽管他们有钱出去旅行、吃饭等，却总是选择待在家里。他们很多年没单独出去旅行了，即便有时间也不能就感兴趣的目的地达成一致。

泰德用"沉闷"来形容两人的性生活，而南希说自孩子出生后她的性欲就减退了，她也为此困扰。南希说，她真的不想要性生活，当泰德不再为此缠着她时，她感到有些解脱。她也承认偶尔对泰德有性需要，但时间似乎总是不合适（孩子、用餐时间等）。南希坦承曾经怀疑泰德对她不忠了，这让她的性欲减退更严重了。

泰德记得他们的性生活一开始是"激情澎湃的"。孩子出生前，他们经常很自然地做爱，看成人电影并尝试不同的姿势，甚至在白天上班时彼此通话进行性幻想。南希反驳道："一段时间之内确实有意思，但后来就没什么新鲜的了。我成长了。"尽管泰德没说什么，但这似乎伤到了他。他觉得南希好像和她的上司有"情感不忠"，对方是个较年长的、充满魅力又自信的男人。南希的上司总是抓住一切机会与她调情，他总说她是"我有过的最好的下属，命中注定要接手我的工作"。

在讨论不忠时，泰德辩解说自己和南希已经1年多没有性生活，而且自孩子出生后他们就渐行渐远。泰德声称在婚姻中他被南希抛弃了，反复被她拒绝直到他放弃发起性活动，在那之后他才在工作中不忠。他回忆起某次去度假前他给南希买了一身"维多利亚的秘密"品牌的睡衣和内衣，她却一直都没有打开，直到6个月后，它们还原封不动地在衣柜里。"对我来说，那是我们状态的象征。我花时间给她买

> 内衣,寄希望于会'点燃'什么,而她却把它们放在衣柜里一直没有打开。"不久之后,他就与同事有了不忠。

正如之前提到的,性是一种权力。伴侣间只需要一方就能否决另一方,尤其涉及性。然而关于性还有些更深层的东西,谁有权力让对方感觉好?谁有权力让对方感觉差或羞耻?双方都能回应彼此的需要吗?是否一方感到挫败时,另一方总是感到满意?这种情况发生时,他们能否觉察?在上面的案例中,伴侣彼此忽视。没有性生活带来了极大的不满,他们关于关系的幻想破灭了。就权力而言,介于南希和母亲及孩子的关系,泰德觉得他成了一个"外人",而且由于她的"情感不忠",他感到更有理由满足自己的需要。不忠成了影响模型全部元素(满意、权力和幻想)的一种方式。但一旦不忠暴露,他们还是要面对关系的真实状态。随后的章节将用泰德和南希的案例介绍帮助伴侣处理关系中的权力平衡的技术。

分享权力和平衡跷跷板的技术

你已经理解了什么是权力失衡,了解了塑造它们的系统动力和背后原生家庭的问题,那么怎么样才能帮助伴侣平衡彼此的权力呢?有两个原则:第一个原则是"有些东西是无法平衡的"。因为伴侣一方可能就是在某方面更擅长(由于天赋、更多的实践或热情)。有些人擅长烹饪,有些人擅长打扫,有些人喜欢园艺工作,而另一些人喜欢在屋子里修修补补。同样,尽管双方都在工作,一方可能(由于职业选择或擅长)就是比另一方赚得多。这都可能导致很多冲突,因此问题在于如何把握这一失衡。第二个原则是"有些东西可以更平等地去分享和平衡"。这可能涉及养育或其他要共同决策的方面，要求伴侣致力于分享权力和决策，而不能在没有共识时强行决策，这也意味着需要努力不屈从于他人、不放弃权力。这样尽管可能导致僵局，但也有可能为伴侣提供机会，学习与对方诚实开放地协商。本章将介绍帮助来访者学习应对和协商这些问题的技术，以平等地分享权力（或促成更平等的权力分配）。

替身（斡旋）技术

替身技术是伴侣治疗师 Dan Wile 首创的一项治疗技术，是合作式伴侣治疗的一部分（Wile，2002，2008，2011，2017）。主要的目标是将伴侣当下的顾虑转化为亲密对话，来解决此刻的问题。伴侣治疗中的替身技术与始于心理剧的替身技术有关，是治疗师作为伴侣一方的角色对另一方说话的过程。这让治疗师可以帮助伴侣进行他们需要但又无法进行的对话，来替代通常出现的（破坏性）对话。这个技术用于应对一些比较困难的、无法解决的冲突，目的是平衡权力。

起初，Wile 试图创造一种方法，能将伴侣一方的言语替换为不那么具有煽动性的或不那么愤怒的表达。治疗师作为替身时，要站在双方的立场说话，大声说出"替换"后的言语，同时与本人核对。然后治疗师再与另一方核对，看看重组信息被接收的情况。Wile 通常会在房间里走来走去，蹲在或跪在本人旁边，这样能看起来不那么具有威胁性，是"站在他们那边的"。在这个过程中，他为替身技术建立了 6 个核心原则，现介绍如下。

1. 改变语调

这个原则聚焦于言语和非言语交流。正如 Virginia Satir（1967）写到的，该原则用来处理有正面的字面意思（说了什么）但含义（如何说）负面的话。例如，如果某人说"你知道我爱你"，但他的语调平淡，听起来不太真诚或不是发自内心的。治疗师重复相同的话，但以更温和或有力的语调。可以①让对方反馈对此的感受；②让本人反馈这是否是他想说却没有能力说的话。

也可以用改变语调来处理模棱两可的话，并重新诠释，赋予其新的含义。例如，如果某人说"我想是可以的"，可能代表他真的同意对方的话或想做的事，但也可能代表他不同意但不知道如何直接表达。这时，治疗师澄清模棱两可的话的意义，让双方去体验意义准确的话语是什么，然后对此做出回应。这是斡旋非常重要的一部分，对处理回避冲突型伴侣尤为重要。

2. 表达脆弱的感受或把抱怨转化为愿望和恐惧

表达脆弱的感受或把抱怨转化为愿望和恐惧的这一技术，非常像Gottman（2017）的"冲突中的梦想"技术，可以用于了解充满愤怒（或恐惧）的话语的情绪核心，并"软化"这些话语。在伴侣一方或双方退缩时尤为重要，治疗师可以通过揭示敏感情绪背后的东西，帮助伴侣重新理解对方，对于试图利用冲突摆脱彼此的回避亲密型伴侣可能尤为有用。表达脆弱的感受，把抱怨转化为内心中的愿望和恐惧，也可以用于处理伴侣更深层的依恋渴望，从而应对冲突。

3. 表达认可

据Wile（2017）所述，即使对方在争吵中提出了非常有效的论点，通常也没有人愿意做出让步。他们常常担心让步会削弱自己观点的力度——"这样就输了"。他们常用的策略是重申自己的立场，就好像根本就没听见对方的话。不幸的是，这也意味着失去了达成共识和解决分歧的机会。表达认可可以消解最常见的终结对话的招数，包括批评、指责、控诉和防御。

治疗师在表达认可（并让双方"核对"其正确性和对此的反应）时，不会说"我全对，你全错"——这只会延续权力失衡。相反，治疗师会说"也许我们双方都有理"或"我认为你有说得对的地方"或"你说得对……"。听到对方对自身观点的认可，可以让伴侣少一点挫败感，不再采取防御的立场。把这点和"改变语调"结合起来也非常有帮助。

4. 告知而不是泄愤

陷入冲突时，愤怒是最主要的情绪。很多伴侣治疗师认为强烈的情绪（如愤怒）是破坏性的，试图不惜一切代价加以压制。然而，这样做可能事与愿违。因为情绪能促进系统变化，而治疗师的"压制"往往会传递出是"我处理不了你们的强烈情绪，这里不欢迎它们"的信息。这时，伴侣可能会有脱离感，这将导致治疗的失败。然而，原始的、未经检验的、无效的情绪确实能破坏对话或会谈。在这种情况下，治疗师要帮助伴侣走"中间路线"。通过告知而不是泄愤，能在恰当的情境中恰当地表达情绪，比如"就像你看到的，我感到非常挫败"及"你刚才告诉我的事让我崩溃了"，这是比咒骂、大喊大叫、不知所措的沉默或忽视更好的选择。对伴侣来说，被情绪淹没的一方听到治疗师从更好的角度表达了心中饱含情绪的想法，从而得以从外部审视它（"对，那就是我想说的"或"啊？原来我听起来是那样的吗？"）。治疗师要生动地说出双方对此的观点，从他们的视角出发，提供一个平静的表达方法。这好比航行于最复杂的水域，但能教会伴侣要如何恰当地应对。

5. 描述伴侣的困境

这一原则能帮助伴侣看清他们共同的处境或困境，是说明系统动力的一种方式，尤其是当系统动力是陈旧或负面的，但仍试图维持稳态时。对于试图解决权力失衡、寻求更公平的权力分配的伴侣尤其有用。例如，如果伴侣陷入了一场关于金钱分歧的、令人挫败的谈话，一方总是占据上风（因为赚得更多或存得更多），另一方默认这个现实，但变得闷闷不乐或有所退缩，治疗师可以用"看看我们……"或"我们再次出现了这种情况……"这样的表达来描述他们的困境。治疗师可以说"我们又回到了旧有的争执，你在尽力做认为对我们经济上最有利的事，而我觉得无力施加任何影响。这对我们来说是无效的"这样的话引起伴侣的共鸣，类似于叙事治疗的"外化问题"，也表达了相互的觉察。伴侣能主动这样做最好，但在"战火"中是非常难的。而替身法提供了一个示范，帮助伴侣找到解决方法，开始重新审视系统动力，直到他们能分享权力和共同决策。

6. 将独白转变成对话

在超级英雄电影《超人总动员》（*The Incredibles*）中，反派发现自己在抓住英雄后没完没了地和他说话，他停了下来，笑道："噢，你这个狡猾的家伙！你让我唱独角戏！真是难以置信！"——英雄们曾经取笑反派"死于话多"。同样，当伴侣开始唱独角戏（开始大段描述其立场或冗长地抨击，详述不满和抱怨）时，就会"扼杀"对话。使用这种方式，伴侣觉得自己拥有权力，并利用它在治疗会谈中"消耗时间"或加以阻挠。治疗师通过使用替身技术，将独白转化为对话来，引入对方的声音。形式包括制止独白、总结和最后提出一个问题，或使用"你知道吗，当你说话时我听到的是这些……"。这里也可以加入对愤怒的"告知"（第4条原则）或描述伴侣的困境（第5条原则）。目标不是让一方闭嘴，而是创造一个空间，让另一方的观点能出现在谈话中，最终形成对话。

如何用替身技术帮助伴侣解决权力问题

Wile 在使用替身技术时把声音和理解转达给伴侣,希望能让他们变得更加诚实,坦诚相待。当处理不忠后续问题的伴侣想办法分享权力时,这是个非常重要的工具。

治疗师使用替身技术时,就如同导演一样。有三个策略性的方法可以指导对话:局内(go within)、局间(go between)、局外(go above)。好比以"第一人称"或"第三人称"的立场来讲故事,如果作者希望你知道人物的心理活动,行文就会是"第一人称"的视角。当治疗师使用替身技术时,"局内"是试图让双方进入治疗师替代的那个人的头脑和内心。例如"当听到你那样说时,我想知道我对你而言是否真的那么重要"或"我抑制不住地想,'你真的会守候我吗?'"当治疗师在"局间"时,能更直接地指导对话,更具有交互性,可以促成对话、避免跑题或破坏性,但却没那么有启发性。最后,在"局外"相当于以第三人称的视角从"十万八千里外"看待事情,有助于通过普遍化冲突("看,其他人也都这样)或反馈其系统动力("你们在这儿陷入了同样的模式……")来让伴侣跳出冲突,突破困局。不过,有些权力问题可能也无法通过更真实的表述和更坦诚的感受来平衡。通过这种方式,伴侣通常可以在梦想、幻想或愿望水平建立连接,致力于清晰的关系的新目标。

替身技术的风险在于伴侣一方可能觉得治疗师不站在他这边,但如果能恰当地运用,就能平等清晰地呈现每个人的观点。这要求治疗师在会谈过程中非常积极,并变换立场将冲突转变为对话。我们回到泰德和南希的例子,看看可以从何处入手,使用替身技术帮助他们解决与

第 8 章 重新平衡跷跷板：分享权力和共同合作

"共度时间"有关的困境。

> 南希："我想说一个我们的冲突，我知道你会有所防御……你的饮酒问题。你一喝多就满屋子乱转而且会'断片'，这让我很担心。我总是在院子或车库里找到喝醉的你，而第二天你完全不记得这件事。我觉得你有酗酒的问题。"
>
> 泰德："我知道我有时候会失控，但我不认为这是问题的根源，只是个症状。"
>
> 南希："我真的不懂你为什么要把自己搞到那种地步。"
>
> 泰德："我认为那是因为我很孤独。我们不怎么在一起，大多数的晚上你要么睡觉或工作，要么就是给你妈打电话！周末你也从来不想出去。我认为我喝酒是为了放松，然后因为孤独就不想停下来。"
>
> 南希："我一直在说我想一家人一起做事情。"
>
> 泰德："是，但一到真的要做时，只有我来做计划，而且进行到一半你就会说'不行'。你有其他的事情要做，和孩子、和你的家人或工作。而我不在计划中。"
>
> 南希："好，但不是只有我忙工作，你也是啊。你干脆消失了，长途旅行或写报告去了。你用于工作的晚上和周末和我一样多！只是你不觉得罢了。"

此刻，治疗师看出这是需要解决的部分，来访者都在自说自话。治疗师选择使用替身技术将冲突转化为对话。

治疗师:"好的,我发现对话卡在这里了,我不希望你们卡在这个话题上,也不希望回避或搁置这个话题。我们说过回避冲突是你们的系统动力之一,而且它促成了不忠的条件。因此,我要使用替身技术来看看是否能形成开放对话,听到双方立场,好吗?"

伴侣们:"好。"

治疗师:"太好了。首先,我会从泰德开始。泰德,你回应了南希对你饮酒的担心,你了解她的想法。所以,我到这里来(走到泰德身边)。南希,你说的对,情况确实失控了,但我喝多少酒背后还有别的东西。对于我来说,这是我喝多的原因。对吗,泰德?"

泰德:"是的,差不多。"

治疗师:"好,南希,这听起来怎么样?你听到了什么?"

南希:"哦,我认为他就是喝得太多了,应该在造成伤害之前停止。"

治疗师(走到南希身边):"那我这么说行吗?对于为什么喝酒你可能有你的道理,我认为理由很正当。但同时,你喝醉了到处跑真的吓到我了,我担心你受伤。(语调柔和)我不希望你出什么事。"

泰德:"我知道……我知道……"

治疗师(走到泰德身边):"如果我说,我也害怕,但我不知道该怎么办。泰德,是准确的吗?"

泰德:"是的。"

治疗师:"南希,你听到这些是什么感觉?"

第 8 章　重新平衡跷跷板：分享权力和共同合作　·　185

南希："我很高兴听到他也害怕。我不认为他是个酒鬼，也不认为他需要治疗。他只是需要知道……"

治疗师："等一下，你能停下来，让我们回味一下这段话吗？"

南希："好。"

治疗师："我觉得我不可能比她说得更好了，我很高兴听到他也害怕。我不认为他是个酒鬼，也不认为他需要治疗。听到这些你感觉如何，泰德？"

泰德："好像她听我说话了，也听进去我说的话了。"

治疗师："跟害怕她没听进去你说的话相比，这样感觉好一些？"

泰德："对，确实是。"

治疗师："我希望回到之前你说过的一些话，泰德。就是你感到多么孤独以及你认为那可能是你有时喝多的一部分原因。"

泰德："好。"

治疗师（走到泰德身边）："有时我会感到孤独。有时我会很想你。就算我看见你在那儿，也只是看见你在做一些其他的事情，我插不上手，我只是想要你关注我。这是你要说的吗，泰德？"

泰德："是的。"

治疗师："南希，你听了之后有什么感受？"

南希："这让我有些内疚。我不想把他推开，但这又让我很生气。我觉得我也没办法，唯一的办法就是工作期间把事情做完。"

治疗师："那我可以试试吗？（南希点头）我认为你这次也说得非常好，我要补充一点，我也不想推开你，听到你那样

> 说我很受伤。与此同时，我的工作压力太大了，以至于不知道该如何保护我们的世界不受工作的冲击。"
>
> 南希："是的，我确实不知道怎么办。"
>
> 治疗师："或许我们可以讨论出几种方法，让你们一起来解决这个问题？"

替身技术让伴侣摆脱破坏性对话的循环，进入一个更为有效的模式，使他们能想办法解决工作－生活平衡这一复杂的问题。现在我们来看一个由 Gottman（2011）发明的协商技术。

协商（Gottman-Rapoport）技术

Gottman 发明了一个高级积极倾听技术，可以在伴侣试图说服对方接受其观点之前使用。它借鉴于数学家和系统思想家 Anatol Rapoport 的工作。Rapoport 认为，要成功地说服某人接受自己的观点是错误的，需要让这个人感到自己被充分理解了。因此，Gottman-Rapoport 技术教导伴侣在试图说服对方前，就僵局（或一般冲突）进行对话，目标是必须说出对方的立场（直到对方满意）。伴侣有两个"角色"要扮演——讲述者的角色和倾听者的角色。

> **讲述者：心理上转变并转换到对方的视角**
>
> ◆ 不要指责，不要用"你"来表述。
>
> ◆ 说出感受。
>
> ◆ 在具体情况下仅使用"我"来表述。
>
> ◆ 说出正面需要。记住在每一种负面情绪背后都有一个渴望和愿

望,这就是对方能成功地和你在一起的秘诀,就是你的正面需要。你想或需要从伴侣那里得到什么?

倾听者:不要防御性地回应
- 把你的想法往后放。倾听和重复对方的需要和观点。
- 共情地倾听对方的痛苦。
- 听取对方的情感(命名并感受)
- 通过使用类似这样的句子"我理解你会有……的感觉,有……的需要,因为……"来向对方确认。
- 允许提问。

这给予倾听者权力,确保在自己被理解后再考虑别的观点。如果正确进行这个练习,其中准确的共情可以让讲述者和倾听者都产生对于对方观点的新理解,并往往会带来妥协。

回到泰德和南希的例子。泰德和同事发生了不忠,尽管他同意结束关系,却还是得在工作中和她打交道。南希承认,当泰德不在家或在加班时,她有时还是会有闪回的症状并感到极度脆弱、嫉妒和焦虑。在过去,这会导致争吵并必定使双方陷入僵局。会谈中,治疗师和他们一起用了Gottman-Rapoport技术协商泰德与同事的关系的问题。

南希:"我以为对我来说这件事已经过去了,但每当我看到你收到她的邮件时,还是会很崩溃。我就在想:'为什么他非要和她保持联系呢?'"

泰德:"我知道我几乎每天都要见到凯丽让你有多困扰。我希望能换工作，但这就需要我们搬家或收入明显减少。"

南希："我还是觉得这样对我们不利，没有好处。"

泰德："你希望我怎么做？辞职，是吗？说真的，南希，我们会失去现在的房子的。"

治疗师："好了，到此为止。我们不要错失已经形成的积极形势。很显然你们陷入了僵局。南希，你感到无计可施，却认为泰德应该做点什么。泰德，听起来你也觉得无力改变现状，对吗？（泰德点头）。好，那么让我们尝试Gottman-Rapoport技术，试着协商。泰德，我想让你当讲述者。我想让你试着说出南希的立场，直到她满意。记着要使用'我'来表述，就像你就是南希。"

泰德："我觉得你好像并没有尽力和凯丽保持距离。你不在的时候，我看不见你在单位做什么，这让我很紧张。"

治疗师："南希，这个开始怎么样？"

南希："不错。"

治疗师："泰德，既然她认可了，就请你说出她的正面需要是什么，她的要求背后的愿望是什么？"

泰德："我觉得是'我希望你在我面前更透明。我希望在我陷入焦虑情绪时，你能让我放心。我不希望你逃开或感到好像我在指责你。'"

南希："我不想要你为我的情绪负责，我只是想要你理解。我不希望你逃开，当你做出防御性的反应时，我也会陷入防御。"

泰德："即便结束关系已经9个月了，我还在尽最大努力避免和她接触。我承认，她因病不在或休假时我会感到轻松，那时我会感到不需要小心翼翼。实话说，我不确定还能忍多久。如果有合适的职位，也许我们应该开始考虑搬家的可能性。"

此处你可以看到如何使用 Gottman-Rapoport 技术将伴侣从冲突引导向协商。伴侣现在可以共同决策，并在选择中分享权力。Rapoport 提出的一个更有帮助的建议是双方要达成共识——Gottman 也大力提倡这一观点——如果你发现自己有一个正面特质，试着在伴侣身上看到这个特质；如果你发现伴侣有一个负面特质，试着看到自己身上也有这个特质（Gottman，2011）。Napier（2007）似乎附和了这一观点：

> 从临床工作者的角度，我们认为不忠者几乎总觉得伴侣有负面特质而情人有更多正面特质。认为伴侣是强势的、脆弱的、冷漠的、没爱心的、疏忽的、不自然的或以上的一些组合，这些感知与伴侣的性格特质和不忠方把这些特质归于伴侣都有关。

结论

记住跷跷板的隐喻，两个案例中伴侣的系统动力——不应该指责任何一方，双方都对不忠的发生负有责任——都是如此。如果要改变系统的设定点，就要舍弃一人在"上"另一人在"下"的老路。真正地分享权力，意味着在自己身上能看到伴侣的负面特质，在伴侣身上能看到自己的正面特质。这是改变"不可改变的问题"的关键，而且就可以改变的问题进行协商也要靠这一点。

下一章会谈到关系满意度的起伏，考查解决这类问题的方法。在伴侣为关系创造共同且清晰的新的梦想、幻想或愿望，学习有效地处理、协商关系的权力问题后，必须学习如何处理关系满意度下降时（因为总是发生）产生的情绪。

第 9 章

提升满意度，学习应对关系的起伏

"我不喜欢秘密""她用一种固定的方式看待事物，只用一种！""我思想比较单纯""我受够你了，8年了，你没做任何努力去改善。现在情况太糟了，没那么容易解决了。你要都听我的就好了！"

本章从某种程度上来说有些"欺骗性"。这是治疗模型中的最后一步，但并不是过程的结束。实际上，从很多方面来说，这是新过程的开始。伴侣通过创造新的梦想、幻想或愿望，改变彼此间的权力动力来产生变化外，还必须学习一些重要的技能来保持这些变化。本章有关如何处理生活中的日常事件，其中的应激和挑战可能会撕掉贴在不忠所致伤口处的"创可贴"。这些应激和挑战会考验伴侣，有时会把他们带回早先（和更原始）的情绪状态，来检验他们是否能够保持收获。

第3章曾谈到"股市"这一关系满意度的隐喻（Gottman，2011）。对关系的正面或负面感受总是有所起伏，关键在于看待的视角。像有些投资者那样，当觉得满意度不可能回升时，就会摆脱关系离开。然而，如果他们决定要长期留在关系中，认为关系的基础是非常牢固的

（彼此有共同的梦想，承诺分享权力），就会带着"任何不满都是暂时的，正面感受终会回来"的信念去坚持。股票交易圈将之称为"买入并持有"，这是大多数投资者倡导非专业人士应使用的策略。然而，对于伴侣（尤其是已经存在不忠时），就不仅是"等下去"那么简单了。想要致力于维护关系的伴侣，需要想方设法理解满意度的起伏，共同应对必将到来的低潮。

伴侣治疗师的重点是帮助伴侣看到保护关系的重要性。本章将介绍一些较长期的治疗性问题（如对"正在愈合的伤口"保持敏感，不要做可能引起更大破坏的事情），处理闪回和恐惧的方法，应对满意度和挫折的消长。

性满意度及其沟通

如第3章所讨论的，性满意度和关系满意度有很强的关联。实际上，尽管这两者高度相关，表达性不满意比表达总体关系不满意更加提示伴侣之间可能出现不忠了（Scott et al., 2007）。因此，帮助伴侣就其性欲进行沟通至关重要，尤其是当他们感到失望，或感到对方没有倾听或认可自己的愿望或想法时。

沟通性欲

性的沟通，尤其是能自如地讨论性，可以让伴侣对性关系更加满意和满足（Scott et al., 2017）。而在关系中，沟通性欲的能力与其他沟通不同，是一种单独的沟通形式（Mark & Jozkowski, 2013）。因此，即使伴侣是个"优秀"的沟通者，在谈到性和他们的需要和希望时，也可能存在沟通不良。回避冲突、回避亲密或分裂自我型不忠的伴侣更是如此。前两者中，伴侣一方或双方常常曾经尝试过沟通性需要。而在分裂自我型不忠中，伴侣更有可能已经放弃沟通需要或欲望。正如 Napier（2007）所描述的：

> 出于绝望，伴侣制订了一个无意识的"计划"来打破僵局。加剧彼此分裂的共谋可能是通过不完全明确的对话形成的，而这个"共谋"通常是半意识的，主要由推断得出。有一对伴侣，丈夫是马拉松和举重运动员，是别人眼中的"硬汉"。一天晚上，丈夫鼓起勇气提出希望妻子能拥抱他，而妻子被他突如其来的脆弱吓到，回答："你还是找别人干这事吧。"丈夫感到很受伤，就真的去找了别人。在另一对伴侣中，妻子半开玩笑地说："如果将来你有不忠行为了，不要告诉我。"丈夫将此当作一种默许。有时，不忠方用推断出来的理由为自己辩护："如果都这样了她还不抱怨，她肯定不爱我。"

因此，不能就个人的性需要和性欲成功沟通的"代价"，可能是"想当然的推断"或对关系中的性常态的困惑。据 Scott 等（2017）所述，不能沟通彼此需要时会导致伴侣失去亲密感，这可能意味着"性不再能提供情感联结或性成了一种应激体验，导致一方试图寻求与他人的性接触，来填补源自伴侣性关系的情感空虚"。

那为什么如此困难呢？首先，开放地讨论性需要和性欲是一种情感的冒险。人在表达性偏好时开放了自己，并处于易受攻击的境地，尽管这可能增加满意度和亲密感，但也有可能被拒绝——而这常常是最让人没面子、最伤人的拒绝之一。这也与每个人的依恋需要有关,拒绝所致的伤害可能深达内在的依恋水平(Johnson, 2008)。如果伴侣一方或双方都感到性沟通让其不自在,也就不太可能去沟通他们的需要,由此最终导致性活动也减少(由于恐惧或不适)。此时,不忠方得到机会,以原伴侣方不能接受的方式向新伴侣表达其需要。因此,帮助伴侣更自如地讨论性需要,提高讨论技能,也是预防不忠的措施(Scott et al., 2007)。

　　自如地讨论性欲和性需要能提升性满意度,也能创造更深层的连接感和亲密感。这通常与关系中深层的梦想、幻想和愿望有关,因此是帮助维护共同梦想的很重要的一部分,也能帮伴侣平等地分享权力,尤其是关于何时发起性活动及如何回应它。尽管性满意度和关系满意度是两个独立的概念(Birnie-Porter & Lydon, 2013),帮助伴侣开放、自如地沟通性需要,有助于建立连接感和亲密感,这与总体关系满意度有关(Scott et al., 2017)。让我们用亚当和马尔蒂娜的一次会谈节选展示它的效果。

亚当和马尔蒂娜的互动

　　第4章谈到,亚当夫妇在马尔蒂娜与牧师有了情感不忠后来做伴侣治疗。在长达15年的婚姻中,亚当变得冷淡和疏远,二人也已没有性接触。在这个背景下,马尔蒂娜对牧师的关注让亚当非常妒忌。在本节选中,亚当谈到了与马尔蒂娜的性生活中的挫败感。

　　亚当:"我认为我们是一对很好的夫妻。大多数时候我们合作
　　　　　得很好,比如处理日常事务等。我们是很好的家长,甚

至是很好的情人（当她想的时候），但我们不再是好朋友了。这样说让我很难过，但我真这么想。"

治疗师："你为什么这么想？"

亚当："我不信任她。嗯，也不完全是……我还是在很多方面信任她的……"

马尔蒂娜："你不信任我哪方面？看看你的所作所为，这么说太可笑了。"

治疗师："（对亚当）一会儿你再回答。（对马尔蒂娜）你有注意到自己刚刚做了什么吗？"

马尔蒂娜："是的。"

治疗师："听起来似乎他的问题让你产生了防御，你感到需要反击？"

马尔蒂娜："对。"

治疗师："让我们退后一步。你认为他会是什么反应？"

马尔蒂娜："防御？"

治疗师："而他要跟你分享什么？"

马尔蒂娜："他不信任我的方面。"

治疗师："那现在你认为他会做什么？"

马尔蒂娜："嗯，他说只有我想的时候我们才是情人，这是种挖苦。"

治疗师："看来你是听进去了，但记住我们曾经说过不要偏离更深层的问题。我们知道，他感觉你控制了性。不管你是否同意这点，都不会改变他的感受——只有建立起更深的连接和信任才能改变。我们也可以继续防御下去，但谁都知道会发生什么：挫败和僵局。而现在我们在说的是另一件事，或者说你们也可以选择回到这个更深层的问题。（对方沉默）那也许你可以先来，问问他在哪方面不信任你。"

马尔蒂娜："你为什么不信任我？"

治疗师："等等。你确定要问为什么吗？你明明知道他会怎么回答。"

马尔蒂娜："他会说我不知道。"

治疗师："很可能是这样。那就是为什么……"

马尔蒂娜（笑）："你也这么干了，问了为什么。"

治疗师："还真是！但这就是问是什么比问为什么好的原因。你再试试。"

马尔蒂娜："你不信任我什么？"

亚当："我忘了要说的话了。"

治疗师："我们确实离题了，这是接近更深层的意义和真实所面临的挑战之一。我觉得你可能感到有些混乱。你刚才说，在很多方面你们的关系都很好，但你感到你们不再是朋友。而且有些事情你感到不能信任她……"

亚当（叹息）："对的。"

马尔蒂娜："那你不能信任我什么？"

亚当："我一直存在信任的问题。我在表达感受这方面一直存在困难，我总担心说错话或被误解了。"

马尔蒂娜："这是什么意思？"

亚当："我的意思是说，当我分享自己的想法和感受时——即使是和你——我也害怕会被误解。你会评判我，会觉得我很可笑，然后我就会知道你不喜欢我。"

马尔蒂娜："那你会怎么做？"

亚当："我就什么也不说。埋在心里。"

马尔蒂娜："为什么……（自我觉察）等等，我是说，还有什么？还有什么你不信任我的地方？"

亚当："我不确定能信任你会守着我，照顾我。我觉得当我最需要你的时候，你做不到，或者会离开。"

马尔蒂娜："为什么你会那样想？呃，我是说，是什么让你那样想？"

亚当："你根本不了解我，根本不知道我想要什么、需要什么。我曾经尝试告诉你，但是你拒绝了我。"

马尔蒂娜："你说的是什么意思？"

亚当："我在说性，但也包括别的。比如，你知道拒绝你过我多少次吗？有多少次我因为在性上需要你而觉得自己'下流''堕落'。你要么工作到很晚，要么累了、很早就睡了。除非你也想要，我根本就没机会有性满足。如果幸运的话，每月能有一次机会。我们结合在一起时很棒——如果你愿意的话，体验会很好，而我为此苦苦守候。在此期间，我只能靠自己来解决生理需要。有时我会求你让我放松一下，但我讨厌为此低三下四。"

马尔蒂娜："我只是没心情，我的心思没在'那里'。"

亚当："是啊，但我的心思在。我所想要的只是你花两三分钟照顾一下我的需要。该死，我们甚至不需要做爱！你只需要时不时在洗澡时安抚我一下，我就会很开心了。但你甚至不愿意为我做这些，除非我恳求你，这会让我想

'我不值得她这样做吗？''她真的不在乎吗？'——我的意思是，如果我知道这会给你带来愉悦（我们做爱时通常会），而你也想要我这样做，我就会很乐意安抚你。但你不是，你不想要这些（这也没事），你甚至不想给我快乐，尤其是当我真的需要它的时候。所以我只能自己解决需要。"

马尔蒂娜："所以，因为你忍不了了，我就应该放下所有事情去照顾你的需要吗？"

治疗师："马尔蒂娜，现在亚当正在试着告诉你有关他的需要的一些重要信息，以及这是如何导致了他的信任问题。"

马尔蒂娜："是，但是我就要忘了我自己的需要吗？我得为他服务吗？"

治疗师："不是的。但如果你想要了解他缺乏信任的更深层的原因——你说过你想争取他的信任——你就要愿意听他说完，不要打断他，为你自己辩护。如果你想要了解他的需要和问题的原因，那你就需要真的去倾听。是否改变对待他的方式，仍然取决于你自己，不会仅仅因为倾听就代表着你放弃了这个权力。但当你像刚才那样，变得防御起来，试图去打断他，就会冒"他很长时间都不对你开放心声"的风险。所以，为什么不再试试呢？他已经在你的面前袒露了自己。为什么不听听他说了什么，核对其准确性，然后告诉他你对此有什么感受。"

马尔蒂娜（叹息）："好吧……当你想要做爱时，你想要我更殷勤，而不是拒绝你，是这样吗？"

亚当："我想要你知道，对我来说要求你和我做爱不是那么容易。做爱时我总是觉得和你更亲近了，你不觉得和我更亲近吗？"

马尔蒂娜："有时候……我猜。"

亚当："我只是想表达，当你拒绝我时，真的、真的太让我受伤了。于是我就闭嘴了，我甚至不想尝试了。"

治疗师："马尔蒂娜，试着总结一下亚当所说的，让他看看是不是准确。"

马尔蒂娜："当你有性唤起时，要靠近我很不容易，你害怕我拒绝你。当我说不的时候，这种拒绝让你感到好像不能（在你的需要上）信任我，对吗？"

亚当："对，很好，非常准确。"

治疗师："好，现在，马尔蒂娜，既然亚当认为你已经非常准确地总结了他的立场，为什么不分享一下你对此的感受呢？当他找你求欢的时候，你那边是什么情况，情感上？"

马尔蒂娜："好吧，他总不是时候……"

治疗师："这里停一下。从情感开始，然后再说原因。这样不会引起太多防御。"

马尔蒂娜："好。有时，他早上靠近我，我感到有些恼火。我心里想'现在不行，我要起床了'或'现在不行，我要去上班了'。"

治疗师："是什么让你恼火？"

马尔蒂娜："我感到他看不见我没有做爱的心情。我需要有合适的心情。"

治疗师:"所以你感到恼火。还有吗?"

马尔蒂娜:"我感到惊慌,挫败。我的意思是,我不想对他说不,但我也不能对他说是,至少在那一刻不能。"

治疗师:"所以你觉得被夹在中间了?你不能做,但你又不想说不。"

马尔蒂娜:"是。"

治疗师:"除了挫败,我在想那可能会让我难过,像是'我不想让你失望……'"

马尔蒂娜:"也许。"

治疗师:"好,我好像没说中。我再试试。那是不是让你有些担忧?是不是让你感到有些不称职,因为他想要性,而你却不想?那种感觉可能挺崩溃的……"

马尔蒂娜:"对,这更接近一些,我感到很崩溃。好像是,我明明不能却要被迫这样做。"

治疗师:"听起来,你把一些崩溃和挫败的感受传递给了亚当,因为你知道这会让他停下来。"

马尔蒂娜:"噢,对的!这让他立刻停下来了。他把我'拒之门外',有时好几天都不跟我说话。"

治疗师:"所以,好消息是他停下来了,坏消息是你从情感上把他推远了。这真的是你想要的吗?"

马尔蒂娜:"不,我不想他把我拒之门外。我想要更亲近,但……"

治疗师:"但是你害怕崩溃,害怕被他的冷淡惩罚。"

亚当:"但我不想把你拒之门外,只是我控制不了我自己。"

马尔蒂娜:"在很多方面都控制不了!(情不自禁地笑起来)"

亚当:"马尔蒂娜!(露出笑容)是啊,问题就在那儿!"

> 治疗师："那么，亚当要怎么做才能提出他的需求，而不感到被拒绝，马尔蒂娜也不感觉崩溃呢？"
>
> 马尔蒂娜："但愿他能。"
>
> 治疗师："好，但是我们从你会做什么开始，而不是你想要对方做什么。比如，如果他向你表达性需要，你可以对自己说什么？"
>
> 马尔蒂娜："好吧，如果我告诉自己他真的感到非常敏感和脆弱，如果我告诉他我从他说的话里听到了这部分，也许那会是很好的第一步？"

在这个例子中，治疗师使用了 Gottman-Rapoport 技术的改良版来帮助伴侣就他们的需要进行交流。治疗师需要在强烈的情绪出现时加以打断，来让伴侣保持在主题上而不偏离。马尔蒂娜和亚能够开始就他们对性生活的不满意、对此更深层的感受，以及一些对关系的更严重的担忧进行坦诚的沟通。

据 Scott 等（2017）所述，提高沟通技能和使用常见的训练伴侣沟通的方法，可能是预防不忠的有效措施。Scott 在研究中发现，对向伴侣表达性偏好忧虑更多的男性出现不忠的风险更高。然而有趣的是，他们发现在没有经历不忠的伴侣与经历不忠的伴侣间，性生活频率并无差异。因此，训练伴侣在安全的环境下讨论性偏好可能更有效，而并不一定要鼓励性生活频率有真的改变。如果双方体验到的是接纳和理解，而不是批评，就可能帮助伴侣承受满意度的起伏。

关系满意度和生活满意度

Stanley 等（2012）发现，增加个体生活满意度的干预对关系满意度也有正面的影响。可以确信，个体对生活其他方面满意（工作、朋友等）时，也更加开放、愿意探索，而不是用怀疑和消极来对待爱情关系。这个关系是单向的（生活满意度影响了关系满意度，或者与此相反）还是双向的（平等地相互影响）还不清楚。因此，有助于伴侣增进个人健康的技术可能同样有助于关系（Robles et al., 2014）。

实际上，跨社会经济谱的一些研究显示，增进个人健康、促进伴侣沟通、提高关系满意度还有减少负性心理行为的益处。近期一项在低收入伴侣群体中进行的随机关系教育干预显示，与对照组相比，干预组12个月后有更高的关系满意度，更少被伴侣心理虐待，正面沟通增多，负面行为减少（Robles et al.,2014，p.177）。该结果的效应值与以健康促进为目标的干预（如体育锻炼或饮食）结果接近。

最后，评估关系质量对个体总体健康质量也有益处。从受慢性应激负面影响的慢性疾病，到暴露于应激激素（如皮质醇）的疾病，再到已知会使健康恶化的负面行为（如肥胖、吸烟、饮食），关系质量差可能都起了重要影响。另一项研究发现，关系满意度和治疗依从性有关。换句话说，如果患者对其关系高度不满，他们对治疗方案的依从性就不高。因此，医务人员应该考虑将关系质量评估作为常规，视为一个健康指标。"培养健康服务提供者对经常发生的健康问题的关系环境有更多的理解和觉察，可以最终促进发展和传播基于伴侣的干预"（Robles et al., 2014）。实际上，在医学和伴侣治疗中，针对关系满意度进行干预和预防可能有长期和广泛的正面影响。

帮助伴侣提高关系满意度的正念技术

从不忠关系中恢复的伴侣，在关系满意度差时要处理的重要问题之一是被唤起的强烈情绪。有些临床方法整合了正念的概念来帮助个体处理其情绪反应，这对于试图学习既处理情绪又不破坏关系的伴侣尤为重要。

正念的定义

正念源于古老的佛教传统，近年来很大程度上被整合到了临床方法中。2004年，Bishop及其同事将正念定义为如下：

> 第一个要素是注意的自我调节，将注意保持在即刻体验上，故对当下精神活动的识别得以增加。第二个要素是对当下的个人体验采取一种特别的态度，以好奇、开放和接纳为特征。

使用基于正念的方法的从业者关注当下，让来访者觉察其自身的体验。目标是帮助来访者在其体验中保持"在场"，不要分心或逃避。Bishop等说正念是"一种不分析、不评判、以当下为中心的觉察，按照事物的本来面目去承认和接纳注意范围内浮现的每一个想法、感受或感觉"。这个过程有3个基本的元素：①通过关注呼吸来保持放松的状态；②当来访者分心时（肯定会出现）练习无分别的觉察（choiceless awareness）；③慢慢地回到呼吸并专注于呼吸。在这些方法中，治疗师要以自身感受来示范这一态度。有时，来访者的感受可能是非常崩溃的，比如正在应对不忠的伴侣，不评判地接受这些情绪且不对其做反应，对他们来说通常非常困难（Mozdzierz et al., 2014a）。下面将通过两大基于正念的方法介绍如何在伴侣中应用正念：接纳与承诺疗法和辩证行为疗法。

应用接纳与承诺疗法的元素治疗性地处理情绪

接纳与承诺疗法（Acceptance and Commitment Therapy，简称 ACT）是由 Steven C. Hayes 及其同事在 20 世纪 80 年代发明的，它是最先将正念作为理论部分核心的方法之一。他们提出了核心概念：病理源自心理僵化。据 Hayes 等（2006）所述，有心理问题的个体缺乏价值观或价值观不清晰，倾向于冲动行事，并回避特定的不愉快的体验或情绪。另外，来访者的问题是由于固着于一种主导思想或对过去的理解——自己以某种方式"被毁了"，未来肯定会变糟（Mozdzierz et al.,2014a）。对于应对不忠的伴侣来说——尤其是当他们的满意度下降时——如果这样的信念持续下去，双方就很难积极前行，相信关系会恢复过来。不同于教人去控制其思维、感受和行为的认知行为治疗，ACT 教来访者通过注意、接纳和拥抱其内在的思维和感受而不加评判，来增加其心理弹性。这些理念被认为是"积极心理技能，而不仅仅是避免精神病理的方法"（Hayes et al., 2006）。ACT 医生使用了几个核心临床原则：接纳、认知消散、在场、价值观和承诺行动。

接纳

第一个技能是接纳，它是回避体验、思维和情绪的替代选择。接纳是指主动且有意识地拥抱那些个人历史中的事件，而不必尝试去改变它们的频率或形式，尤其是当这样做会导致心理损害时（Hayes et al., 2006）。当个体能这样做时，就能够同步于其感受并接纳它们，包括正面的和负面的感受（Mayer & Stevens, 1993）。例如，如果伴侣一方在对方晚归时出现闪回症状并感到焦虑，就要学习去完全地、不带防御地感受焦虑。换句话说，允许思维来去，不与思维抗争。

认知消散

根据 Mayer 和 Steven（1993）所述，如果个体总是感到自己被情绪击垮或淹没，好像情绪控制了局面，我们就认为他们是被"吞没"了。这些被吞没的个体常难以识别自身感受，并觉得无法影响或控制其情绪（有时被称为"述情障碍"）。个体好像处于慢性应激的状态，感到情绪失控，却不能即刻觉察。实际上，许多寻求治疗的回避亲密型不忠的伴侣就是这种情况。在 ACT 中，认知消散的核心原理是吞没型情感反应的"解药"。据 Hayes（2006）等所述：

> 认知消散技术是指改变思维和其他个人事件中的不良功能，而不是其形式、频率或情境敏感性。换而言之，ACT 试图通过创造消除其不良功能的语境来改变个体与思维互动或关联的方式。

从功能上来说，这可能意味着帮助来访者觉察自己并观察自身的情感状态，比如"我在想，他来晚了是因为他正和别人一起……"——这样做能削弱让来访者"觉得自己不好"的特定思维或感受。

价值观和承诺行动

在 ACT 中，心理弹性较差的来访者不太清楚自身的价值观及其实现方式。据 Hayes（2006）等所述："价值观是有目的的行动的特性，不能像物品那样被获得，却能时不时地具象化（显现）。"ACT 使用各种各样的练习，来避免可能基于回避、社会责任、融合而不是个人价值观进行选择的认知过程（如"我应该……"或"一个'好'人会……"或"我父母会希望我……"）。ACT 的目标是实际行动能够与个人价值观一致。在这种情况下，失望的情绪对来访者不会有破坏性的负面后果。据 Hayes 等（2006）所述：

> ACT 鼓励发展壮大与个体所选价值观相应的有效行动模式……ACT 看起来与传统的行为治疗非常相似，而且几乎任何行为学的行为改变方法都能适用于 ACT，包括暴露、技能获得、成形法、设定目标，诸如此类。不像被持续具象化却无法作为一个物品来获得的价值观，与价值观一致的具体目标是可以达成的，而 ACT 几乎总是包含与短期、中期和长期行为改变目标相关的治疗工作和家庭作业。行为改变的努力导致的一些心理障碍也是 ACT 可以处理的（接纳、消散等）。

在治疗时，共同创造且彼此认同的梦想、愿望或价值观，是澄清伴侣二人和伴侣系统价值观的重要部分。下面通过第 4 章提到过的一个案例，介绍如何使用这些基于正念的 ACT 技术。

> 他们已经解决了很多问题。玛丽亚努力解决"设定边界"和"不要取悦吉姆或他人"的问题,她说:"我不信任自己……或他人。"他们同意在治疗期间分居一段时间。玛丽亚想先处理自己的问题,她承认在吉姆身边"感到不安全",她担心自己会借助性来向他索要爱。通过使用一些正念技术,她得以接纳不信任的感受(尤其是对她自己),而不是对他人见诸行动。她着重练习了认知消散技术,这样一来,当她要回应吉姆或感到不确定时,就不会在面对自身感受时失控了。最终,她能够谈起(吉姆)"我也知道他很支持我",也结束了与牙医的关系。
>
> 对吉姆来说,在他们分开时他很紧张,担心玛丽亚会选择继续与牙医的关系。每当面对她去见牙医时自己的感受,他都觉得学习"接纳"尤为有帮助。玛丽亚也表示对牙医没感觉了,有的只是"悲伤"——情绪已经从关系中释放出来。吉姆也学习了如何与"孤独"共处,去感受它而不是否认或推开它。"我再次创造了童年时期曾感到的被抛弃感,这个感觉很熟悉,也很可怕。但如果我'置身事外',就会有被利用和被抛弃的风险",而他在与之对抗,"因此,我能真正地体谅自己",他变得更能耐受痛苦。

辩证行为治疗和正念

正念也是另一个现代方法——辩证行为治疗(Dialectical Behavioral Therapy,简称DBT)的核心概念之一。正念是DBT中其他技能的基石,因为当个体面对痛苦的情境时,它能帮助他们接纳情绪并最终耐受它们(Mozdzierz et al., 2014a)。正如其他的正念方法,不评判地面对当下及不歪曲地全然地体验情绪和感觉的能力,对于DBT的成功极为关键

(Linehan,1993)。

DBT 中正念训练的核心部分是获得技能的形式。来访者学习"是什么(what)"技能和"怎么样(how)"技能。据 Mozdzierz 等（2014a）所述：

> "是什么"教来访者（不加评判地）观察（一个特定环境中在发生什么）、描述（简要地解释观察到了什么）和参与（全然地关注并参与到周围的事件中）。"怎么样"指导来访者如何做到不评判（描述事实而不去想好坏对错、公平与否）、一心一意（保持关注而不被可能出现的情绪反应分心）以及有效（做有效的事情）。

这两类技能的主要目的，是帮来访者判断其识别和体验到的情绪是适应性的还是非适应性的。如果情绪是适应性的，就要予以接纳和支持，因为它们是真实的。然而，如果情绪是非适应性的，如强烈的负面情绪，就必须加以审视。例如，如果伴侣一方对于欺骗对方感到极度愧疚，就要审视这些感受，看看是适应性的还是非适应性的。如果是由于满意度下降而产生的愧疚，那这些感觉可能是非适应性的，需要加以讨论。

痛苦耐受

痛苦耐受技能是 DBT 中较重要的正念技能之一。痛苦耐受是指以不评判和不评价的方式接纳自身和当前的状况。接纳和耐受不代表赞成或拒绝，而是承认现实本来的状况。伴侣通常会（在早期阶段）担心

"接纳"等同于接受并支持,因此这一技能对他们很重要。该技能的目标是当来访者处于负面情境及其可能的影响中时,帮他们能平静地去识别,而不是逃避或被击垮。DBT 帮助来访者学习如何忍受痛苦,以及不做出错误的行动决策(如何或者是否要行动)。因为没有能力忍受痛苦而采取的行动,常常会带来问题而不是解决问题(Linehan,1993)。

来访者要学习的一个主要的痛苦耐受技能是转移注意。转移注意指识别令人不快的反应或情况,并暂时转移注意,而不是付诸行动。为了记住这些技能,DBT 治疗师教给来访者"ACCEPTS",意义是:

- 活动(Activities):利用积极的、你喜欢的活动。
- 贡献(Contribute):帮助他人或所在的团体。
- 比较(Comparison):与更不幸的人或曾经状态更糟时的自己相比。
- 情绪(Emotions)(其他):通过激发对相应活动的幽默感或幸福感,让自身有不同的感受。
- 推开(Push away):暂时搁置你的处境,让别的事情暂居心中首位。
- 思维(Thoughts)(其他):强行去想别的事情。
- 感觉(Sensation)(其他):做一些带来强烈感受(且不同于当前感受)的事情,如冲凉或吃辛辣的食物。

因此,当伴侣的不满意对关系造成压力时,双方都能学习使用清单中的一种技术来分散注意并忍受痛苦,不去攻击他人。

另一个痛苦耐受技术是自我安抚。其他方法中也有自我安抚,但在

DBT 中这是处理有强烈情绪困难的来访者要学的很重要的工具。学习自我安抚始于童年期，良好的养育对这个能力的习得有促进作用。它要求个体为其感受和反应承担责任，找到方法安抚自己。这个技能是指个体以安慰、滋养、友好和温和的方式对待自己。当养育方式不佳或不一致时，个体虽然也能学会自我安抚，但操作起来比较困难。自我安抚的目标是给自我提供情绪安慰，来应对负面思维、冲动和感受。DBT 的自我安抚方法包括促进自我"对话"，从事带来健康感受的活动（如洗热水澡、听喜欢的让人放松的音乐、散步）。

自我安抚可以摆脱当前令人崩溃的情绪，也让来访者看到他能掌控自己的情绪生活。例如，如果伴侣一方因为生对方的气或对关系不满意而难以控制自己的情绪，就可以去健身房逛逛、出去遛遛狗，而不是攻击对方，破坏关系。这样做，可以让双方有时间去考虑自己的反应并决定应对。

人际有效性

所有这些 DBT 的技术（正念、痛苦耐受和情绪调节）对帮助个体管理情绪都很重要。然而，还有一个对伴侣尤为重要的因素，那就是人际有效性。具体来说，人际有效性是来访者"与他人及其行为相关"的行为选择。人们往往为了得到好的结果，在价值观上妥协或把权力让渡给他人，因此陷入不良的情绪状态——甚至明知道伴侣不会满足其需要，还是做出不良决策。人际有效性聚焦于教授技能，来应对个体需要请求他人做某事、要求他人改变或拒绝某人的情况。这些技能的目的，是帮助来访者在特定情境中得到想要的结果，同时不破坏关系。增加人际有效性的系列技能可以用三个词的缩写来概括，分别是 DEARMAN、

GIVE 和 FAST。

首先，缩写 DEARMAN 用于帮助来访者记忆"为了成功地向他人提要求"所需要完成的步骤。它们是：

- 描述（Describe）你的情境。
- 表达（Express）为什么这会成为问题及你对此有何感受。
- 表达你的主张（Assert）——通过清晰地要求想要的东西。
- 强化（Reinforce）你的立场——通过表明如果你得到了想要的东西，会有一个正面的结果。
- 关注（Mindful）情境——通过聚焦于你想要的并忽略使人分心的事物。
- 表现（Appear）得自信，即使你感到不自信。
- 与犹豫的人协商（Negotiate）并根据你的要求做出合理的妥协。

缩写 GIVE 是提出要求时保持关系的步骤：

- 温和的（Gentle）——礼貌而不评判的；使用恰当的语言。
- 感兴趣的（Interested）——提和对方有关的问题。
- 确认（Validate）——通过言语和非言语信息表达出你在关注对方。
- 轻松的姿态（Easy manner）——保持平静、使用幽默、不要施压。

最后，FAST 是一系列帮助来访者在与他人交往时保持自尊的技能的缩写（与其他两组技能结合起来使用）。它代表：

- 公平（Fair）——对自己和他人。
- 道歉（Apologies）——不要为某事反复道歉，不要为有效的事情道歉。
- 坚持你的价值观（Stick to your values）——不要被他人操纵，做某些违背你价值观的事情。
- 诚实（Truthful）——谎言只会破坏关系和自尊。

这些人际有效性技能与"帮助个体合理提出要求"所需的自我肯定技能非常相似（Linehan，1993；Lynch，Chapman，Rosenthal，Kuo & Linehan，2006；Mozdzierz et al.，2014a）。下面用一个案例说明其中某些技能的应用。

回到第4章（以及本章前面）马尔蒂娜和亚当的案例，我们可以在实践中看到某些DBT技术。

马尔蒂娜："那么，那就是你不信任我的原因。"

亚当："因为那让我有别的想法。我觉得你真的一点都不在乎我，你不考虑我的处境——我想你会认为你为我考虑了，但你真的没有。相反，你把工作放在第一位……"

马尔蒂娜："我没有！"

亚当："你就是这样，真的。我是这么看的，孩子也是。他们取笑你总是在打电话或在电脑前。他们看到了，你知道他们看到了。"

马尔蒂娜:"他们不懂,我的工作……"

亚当:"我们都知道你的工作压力有多大,你不停地强调这点!"

马尔蒂娜:"这不公平!"

亚当:"我知道。但你不在场对我们也不公平。即使你在家,也不是真的在场。你一刻都不在,我感觉到了。你压力很大,在一个新的职位上,要花更多时间,但我觉得你太'过'了。你在有更好的职位时花大量的时间和注意力,在职位不理想时也如是。我想问题出在你身上。你觉得工作第一,孩子第二,信仰第三,而我只排不重要的第四。"

马尔蒂娜:"我没有!"

亚当:"但我就是这么看的,我就是这么感觉的。即便现在,我都感觉不该说这些话。我是说,我为什么要多嘴呢,你肯定会否认的!"

治疗师:"好,让我们回到你们双方都认同的关系梦想——每个人都感到被爱,每个人都能够与自己和他人和睦相处。那么,亚当,你觉得抱着不满不放对那个梦想能起什么作用?"

亚当:"不太好的作用。"

治疗师:"马尔蒂娜,你呢,'退'到工作责任中时,你能感到平静?"

马尔蒂娜:"不,不能。"

治疗师:"关于向对方请求给予你想要的和需要的,还记得我们讨论了什么吗?首先,当你感到恐惧时,要能够安抚自己。"

亚当:"好吧,是的。"

治疗师:"然后,要接纳你的感受而不去评判它们。"

马尔蒂娜："那对我仍然很困难。主要是亚当一提我就感到内疚，因为我知道他是对的。我不想承认，就变得防御了。"

治疗师："好，如果你努力接受这种感受呢？在那一刻，就在它出现时。而亚当，你怎么才能让马尔蒂娜更多地在场？我想那是你想要的。"

亚当："没错！"

治疗师："用 DEARMAN 吧？描述你的情境，表达为何这是个问题，表达你的想法并清晰地要求你想要的，还有其他的步骤。还记得你们上周做得很成功吗？"

亚当："好，马尔蒂娜，你的'消失'，比如你在晚餐时打电话，对我来说很难接受。我很烦恼，因为我想要家庭时间是只属于我们的，而且我担心孩子们会有错误的观念。"

马尔蒂娜："我理解，但有时我需要回邮件，有时把成堆的事情处理了我才能放松。"

亚当："我懂，但我觉得你至少可以等到晚餐结束。我很乐意收拾碗筷而把时间留给你去做你的事，但你能答应至少不在晚餐时打电话吗？"

马尔蒂娜："好，我知道你的想法了，我会这样去做的。如果要是我在等什么通知，比如工作相关的邮件或电话，我会提前告诉你，这样你就知道我为什么一直拿着电话以及我有重要的事需要处理。"

亚当："谢谢，我真的很感谢！"

使用回忆辅助来访者识别和反思情绪过程

来访者和伴侣的情绪反应通常并不来源于当下，而是与过去的经历有关，当情绪反应与情境不相称且个体看似过度反应时尤为如此。Bitter（2008）提出了童年早期回忆技术的一个变式，结合了著名家庭治疗师 Virginia Satir 以及格式塔先驱 Erving 和 Miriam Polster 的一些情绪加工工作。具体来说，Bitter 指导来访者把注意力放在体验身体感觉上（情感表达和内在感受），作为帮助来访者与情绪状态和情绪反应背后的更深层的个人动力连接的一个手段。现简要介绍该技术如下。

（1）来访者详细描述想要处理的感受。
（2）治疗师要来访者描述觉察到的与问题相关的任何感受。
（3）治疗师询问来访者的内在感受。

　　具体来说，治疗师要来访者尽可能多地与这个感受建立感觉联系，以加强他对这个感受的识别，并询问以下问题：

　　a. 这个感受在身体的哪部分？
　　b. 这个感受有特定的形状吗？
　　c. 这个感受有特定的质地吗？光滑、粗糙、尖锐或别的？
　　d. 这个感受有特定的温度吗（热的、冷的，等等）？

（4）一旦来访者有了关于感受的清晰的视觉和言语画面，治疗师要来访者回忆他有这种感受的最早的记忆。来访者通常会将现在的问题与童年早期记忆和围绕其的情绪加工联系起来。
（5）治疗师随后帮助来访者识别情绪的影响，并邀请他反思这些联系以帮助解决最初提出的问题。

正如之前对早年回忆的介绍中所描述的，某人对回忆有什么感受和他描述的促使他产生那种感受的境况之间存在重要联系。例如，如果来访者试图解决对对方的愤怒，回忆通常会帮助治疗师将来访者的焦点引向背后更深层的所表达或违背的原则或价值观。我们回到第4章玛丽亚和吉姆的案例。吉姆在某次会谈中谈到当玛丽亚在争吵中哭泣时，他对玛丽亚的愤怒。

吉姆："我就没有赢的时候！看，她又开始哭了，我却什么也做不了。过去我会努力安慰她让她停下来，但现在我不在乎了！现在，我会很生气然后离开。"

玛丽亚："你不让我感受我的感受，我真是受够了！我总是需要隐藏或克制。"

治疗师："吉姆，我想和你做一些尝试。我想要你思考一下玛丽亚开始哭时你的感受，可以吗？"

吉姆："可以。"

治疗师："好，首先，你能告诉我这个感受在你身体的哪个部分吗？"

吉姆："我的拳头。当然在我紧握的拳头。"

治疗师："它有特定的形状吗？"

吉姆："嗯，没有。不太有。"

治疗师："好的。它有质地吗？光滑或粗糙……"

吉姆："坚硬。像一个大石头。"

治疗师："好，那它是热的、冷的还是完全没有温度？"

吉姆："是冷的。也是像石头。"

> 治疗师:"好。现在我想要你非常清楚的去感觉它。可以吗?(吉姆点头肯定)太好了。现在我想要你回想并告诉我在过去——可能是童年期——有现在这种感觉的时候,(停顿)你想到什么了吗?"
>
> 吉姆:"我想到我的妈妈冲我嚷,因为我打了妹妹。她抢走了我在做的飞机模型,把它弄坏了。我太生气了!她把它弄坏了,我就打了她,但她大喊大叫还开始哭,突然我妈进来了就冲我嚷嚷。我试着向她解释,但她不听。她只是反复告诉我打人是错的,一点也不关心我为什么生气。这种情况太多了。我会非常生气,尤其是我妹妹闯进我的房间还怎么也不出去时。妈妈总是惩罚我,却从来不惩罚她。她说因为我是年长的那一个,所以我要更为他人着想。"
>
> 治疗师:"听起来你感到那不公平,那样是不对的。所以你对玛丽亚有相似的反应,是因为你担心需要不能够被满足,你不会被理解。对吗?"
>
> 吉姆:"就是这样!就好像她一哭,谈话就窒息了,进行不下去了。我不想看到她难过,但我又觉得这意味着我失败了!"

治疗使用回忆技术帮助吉姆看到他对玛丽亚情绪的反应是如何与公平感联系起来的。吉姆继续说到,过去他会为伤害了她感到内疚,会妥协或安抚她,让她停止哭泣并开心起来,而不是"坚持他的立场"。他却越来越不满,这种感觉会持续好几天。

结论

再次向伴侣介绍1900—2010年间的道琼斯工业指数图（见前文图3.2）可能会有帮助。邀请伴侣看图中1929—1938年附近的区域，这是从1929年股市大崩盘到经济大萧条期间的数据。显然，这段时期充满了挣扎和困难，这点在图中一目了然。然而，从大萧条结束到今天所取得的增长是难以想象的进步。这不能抹去大萧条的现实或其显著影响，但也表明了随后的结果是一种正向的蓬勃发展。从不忠中恢复的关系也可能如此，伴侣不必抹去事件造成的破坏，如果能够度过满意度的起伏，之后他们也能发展得更好。图中，在大萧条之后还有几个经济上涨和下跌的时期，1964—1982年期间的经济甚至是相对平稳的！重点是，如果伴侣愿意"长期持有"这段关系，并学习技能以正念的角度看待关系，他们拥有幸福、（总体）满意和健康关系的可能性就大大增加。

第 10 章

确认和保证

前面三章介绍了治疗模型，帮助伴侣重温关系，创造新的梦想、幻想或愿望，学习分享权力和平衡双方力量，应对随关系满意度的情绪起伏。能够处理这些问题并采用其中的技能和态度，就更能保持健康的关系。而本章将介绍预防不忠的练习和技术，治疗师可以分享给伴侣，用于强化关系并防止潜在问题发生。这些练习和概念聚焦于个体和系统水平，本章还包括已经解决不忠的伴侣和成功的伴侣给出的建议，作为保持成功的指导。

得到保证

大多数伴侣在结束（或快要结束）治疗时想要知道的主要问题是：我们能做什么来确保这种事不再发生。尽管本书介绍的三步模型十分有助于改变伴侣系统的动力，因此不忠不再可能发生，但还可以采取一些额外的措施。例如，著名的研究者 Sheryl Glass（2003）提出如下 7 点，帮助伴侣预防不忠。

(1) 保持合理的"墙"（封闭）和"窗"（开放）。在家保持"开窗"，对可能威胁婚姻的他人树立隐私墙。

(2) 认识到工作可能是一个危险地带。不要一直和同一个人吃午餐或喝咖啡。和同事出差时，在公共房间见面，不要在有床的房间见面。

(3) 避免与伴侣关系以外的、有吸引力的替代人选产生亲密情感。

(4) 通过私下讨论关系问题来保护你的婚姻。如果你确实需要和他人讨论你的婚姻，确保那个人是你们婚姻的支持者。

(5) 不要让旧情复燃。如果旧情人要来参加班级聚会，邀请你的伴侣同往。

(6) 不要与网友越界。与伴侣讨论你的网上友谊，如果他感兴趣就给他看邮件。不要在网上交流性幻想。

(7) 确保你的社交圈是支持你的婚姻的。与婚姻幸福、不寻花问柳的朋友来往。

Eckstein（2002）也借用了 Glass 的"墙和窗"的概念来描述伴侣合理的边界。他向有不忠的伴侣询问如下问题。

---

(1) 关于在自己和他人／事（如，成瘾行为）之间设立墙，你有什么样的成功经验？

　　a. 举例你在何时且如何成功设立了墙？

　　b. 举例需要设立但却没有设立的墙。困难和阻力是什么？

(2) 聚焦于你与伴侣和／或家人的人际史。

　　a. 举例你在何时且如何成功设立了墙？

> b. 举例需要设立但却没有设立的墙。困难和阻力是什么?
>
> (3) 思考你现在的关系。
>
> a. 举例你在何时且如何成功设立了墙?
>
> b. 举例需要设立但却没有设立的墙。困难和阻力是什么?
>
> (4) 讨论目前你可以如何应用墙和窗?
>
> (5) 制订行动计划,在关系中使用墙和窗。

Jenkins(2005)使用了与Eckstein相似的隐喻——各种各样的藩篱——来描述能保护婚姻的健康边界。他将男性作为更可能出现不忠的一方,专门以男性的视角来写。他相信无论人有多成熟,都会感到他人是有吸引力的。他的观点是不去回避吸引,而是树立藩篱以免践行吸引。这7个藩篱如下。

(1) 不要和吸引你的人单独吃饭或旅行,除非是不可避免的情况(这时需要告诉你的伴侣)。

(2) 仅在他人在场时才能拥抱吸引你的人。

(3) 不要恭维吸引你的人的外表。

(4) 除非伴侣在场,避免任何形式的调情,并尽可能多与伴侣调情。

(5) 经常以口头和书面的形式(如果可行的话)自我提醒结婚誓言。

(6) 早点回家,如果有孩子的话每天上床前都和他们待一段时间。

(7) 经常分享有关你们关系的故事。

Glass(2003)似乎认同Jenkins关于吸引的一些观点,他写道:

化学作用加排他等于不忠。如果你以了解或享受为目的和某个吸引你的人独处，你就是在"玩火"。私密空间里可以进行亲密的谈话和活动，这在其他空间是不被允许的。如果你心中不希望伴侣知道你有多挂念某个有魅力的人，就提示了你处在危险的边缘。

虽然上一章里有所提及，我们还是来重温一下伴侣一方必须和不忠对象保持联系的情况（比如同事）。传统上来说，伴侣治疗师仅从不忠的角度来看待"第三者"的问题，将之视为负面的："你难道看不到这伤害了你的伴侣吗？"这会把人逼到墙角并激起防御。然而，如果治疗师可以从幻想水平的视角，以三步模型重构这个问题。例如问伴侣："当他还和那个人有联系时，这危及了你哪部分幻想？"对方可能会说"安全感""被保护"或"信任"。这时你可以问另一方："这危及了你幻想的哪部分？"他或她可能说："我认为我是个好人。我不希望把自己看成坏人。当然也不希望伤害我的伴侣，不想在单位里被看作一个混蛋！"治疗师可以将两难境地重述为一个选择："你是想在单位里被看作坏人还是想在家里当坏人？"这样让个体无法逃避关系的责任，也提供了一个渠道讨论他们已经达成的共识（共同的梦想、幻想或愿望）。

这也可能引发关于权力分化的讨论。一方可能感到对方在第三者的问题上过于苛刻，觉得不公平；而另一方可能感到伴侣的工作需要（牵扯第三者）似乎在自己的需要之上，是不公平的、残忍的。这是一个探索和协商问题的机会，让双方用合作的方法平衡权力，以决定该采取什么措施应对与第三者的持续接触。最后，伴侣可以通过思考满意度的"股市图"来研究不安全感出现的时机。换句话说，有特殊的理由或诱发因素让此刻成了一个问题吗？有什么事情没被注意到吗？

孤独的意义

著名伴侣治疗师 Pat Love 和 Jon Carlson 在《不再孤独》（*Never been Lonely Again*）中讨论了孤独感在生活中的一些个人和心理问题中起的作用。人们通常不会谈起他们的孤独感，谈及孤独感如何造成了隔离和绝望。孤独和孤单不同，人人都说看起来自己周围有很多朋友和活动，但仍觉得没人理解，感到孤独。他们基于几十年的个体和伴侣治疗工作改编了佛教四谛，并将之应用于孤独。

(1) 孤独是生活的真相。没有什么是永恒的，一定会有丧失和挫折。
(2) 孤独源于对短暂事物的执着以及对现实的错误看法。在现实世界中，你无法留住留不住的事物。
(3) 孤独是可以终止的。
(4) 不再执着，接纳世界的变化和无常，就能终结孤独。

为了不孤独，Love 和 Carlson 建议人们去探索一些问题。包括核心价值观是什么、与他人的联系是否令人满意、是否生活在团体里（参与团体）、是否将天赋用于有意义的工作、是否践行了生活的目标。这些问题的答案往往有助于明确生活中何处的潜能没有实现或没有满足期待。这可能是伴侣分享内心、支持彼此的机会。

内疚和宽恕

图书馆里满是关于内疚和宽恕的书籍，也是此处要谈的重要因素。

首先，内疚和道德观对于宽恕很关键。Love 和 Carlson（2011）说：

> 当你的行为与核心价值观不一致时，你就会感到内疚——比如核心价值观是"做一个忠诚的妻子"，但你做出了不忠的行为。这种内疚是精神健康的体现，没有内疚感的人没有道德的界限，终究不能被信任。内疚是纠正性的，它可以让你回归核心价值观。所以，对于懊悔、悔恨或内疚的事情，你可以做些什么呢？首先，让这些感受指引你回归核心价值观。以不忠为例，你可以问自己，"一个忠诚的妻子会做什么？怎样才能证明我的忠诚？"一遍又一遍地问，直到你的行为符合核心价值观，符合你想成为的人。

第6章提到，伴侣通常是出于内疚而向对方"坦白"不忠。这些个体希望"坦白"这个行为能减轻他们的内疚。然而，对方得知真相后的伤痛和愤怒通常并不能减轻其内疚。因此，真正解决内疚的方法是宽恕。不幸的是，宽恕常常来得太快了，正如 Fincham、Hall 和 Beach（2005）写道：

> 正如所有婚姻治疗师都能见证的，伴侣常常过度学习，以惊人的速度似乎不假思索地推进婚姻互动。这并不是否定婚姻互动中宽恕的重要性，只是提示，我们至此所研究的那些深思熟虑的宽恕没有反映其全貌。例如，一方表达或认为已经宽恕了对方，人们却发现在其与伴侣互动中的极小的事件就能激起他们的不满和复仇的渴望。如果我们要理解宽恕

对婚姻互动有何影响，就需要在这个隐性水平上研究宽恕。不像显性的宽恕，隐性的宽恕需要大量的实践才能发生。

John，Allen 和 Gordon（2015）发现宽恕有负性的面向（伴侣一方对对方怀有负面的想法和感受，情绪失控，倾向于从对方处退缩）和正性的面向（对对方及其行为有平衡的看法，没有强烈的憎恨或痛苦感）。Ortega 和 Fleming（2005）同意前者的看法，强调如下观点。

（1）宽恕不是应得的，它不能被争取。人们由于信念才宽恕，宽恕的动机并不源于犯错者的性格特质。
（2）宽恕不是感受，而是一个决定。随着疗愈起效，感受随之而来。
（3）宽恕不是一个过程，疗愈是过程。一旦宣布宽恕，它就发生了，不需要去重复。愤怒或伤痛的感受再现并不意味着没有宽恕，而是意味着还需要进一步的疗愈。疗愈过程的一部分是提醒自己已经宽恕了这些错误，用提醒来回应痛苦将减轻痛苦，最终让它消失。

实践表明，成功的宽恕与关系满意度上升、生活质量提高、攻击性降低和伴侣间共鸣和信任的增加相关（Burchard et al.，2003；Fincham & Beach，2002；Fincham，Palestine & Regalia，2002；Fincham，Beach & Davila，2004；Karremans，Van Lange，Ouwerkerk & Klurwer，2003；Sells，Giordano & King，2002）。无法宽恕或太快宽恕可能导致负面的后果（宽恕的"负性面向"），并通过关系中的矛盾反映出来。实际上，Kachadourian（2004）和 Paleari（2005）发现缺乏宽恕与矛盾及反刍过

去的错误有关，会转而导致较差的关系质量。

反刍与思考

正如第6章所言，伴侣在解决不忠时——尤其在暴露阶段的早期——会有创伤性闪回。他们会在焦虑中不停地思考一些细节，这通常是创伤应激及相关障碍的标志。这些闪回多半是正常的，会随着时间和治疗推进而减轻，但也有些伴侣的情况不是这样。我常和伴侣们一同对比反刍和思考的概念。

科幻节目《某医生》(*Doctor Who*) 中，医生（主角）努力说服一个外星人不要卷入一场可能造成大规模毁坏（及自毁）的冲突。他说："我希望你思考一下。你知道思考是什么吗？它只是改变主意的冠冕堂皇的说法。"我把这与反刍的概念对照。反刍是指牲口将一些未消化的草从胃部返回到口腔，并继续反复地咀嚼。反刍也用来描述不断搅起情绪困扰的过程（正如"咀嚼反刍的食物"）。我向伴侣提问："你的行为更像是思考（改变主意）还是反刍（沉浸于混乱的想法，反复地想）？"这常能帮助个体摆脱习惯性模式，采用对关系更有效的新模式。

反刍会产生"检查对方"的想法，通常以一种负面的方式出现，有时出于一方自责于自身过去的疏忽大意，并可能引起对方的焦虑。伴侣可能需要可靠的办法来密切监控对方（告知社交媒体和邮箱的密码，获得短信和电话资料的内容等），这会干扰信任感的重建，被嘲弄为"监视"他人。我发明了一个练习，将负面的内涵转化为正面的，称作"监测关系"，介绍如下。

> **练习:"监测关系"**
>
> 常常会有一方担心对方不诚实、不信任对方——一方渴望知道对方在做什么或想什么,这会导致出现"负面读心术"及其他负面互动。一方常常希望"监控"另一方,那么可以通过"监测关系"——或更具体地说是双方互动——来产生正面影响。伴侣的任务是记录一方说实话以及对方信任自己时的具体的例子。这种方法能减少对(被认为)说谎的次数的关注,增加对说实话和被对方信任的次数的关注。这可以持续培养双方间的信任,也帮助伴侣更建设性地讨论自己的不安全感(几乎总是存在于信任问题的背后)。

回到"约会"彼此的常态

伴侣常难以想象自己想要"回到正常"的活动中,而一旦伴侣治疗的大部分工作已经完成,就代表着是时候回归常态了。方式之一是像关系伊始时那样"出去约会",这对于某些伴侣来说可能比较困难(尤其是如果他们过去没有出去约会的传统,或关系糟糕到了他们不想和对方约会的程度)。我们为应对不忠的伴侣提供了计划约会之夜的简单三步法。

第1步:列出约会活动清单

这是需要合作完成的一步。如果伴侣完成了治疗模型的三步,就应该拥有共同完成这项任务的必要技能。此步的目标是和对方一起进行关于约会计划的头脑风暴,头脑风暴期间的观点不论对错。实际上,甚至可以看谁能提出最蠢的或"根本不可能的"设想（"我们可以在埃菲尔铁塔顶上吃晚饭！"）。这能激发创造性，增加伴侣间"玩耍"的感觉。有时愚蠢的想法会激发更好的想法，关键是一起想出尽可能多的主意。

第2步：选择和计划一次约会

从列出的清单中，选出一个双方都同意的约会计划并写在日历上。思考要实现它所需要完成的组织工作（如，保姆、交通、预定晚餐等）以及分工——一定要合作（如，"我来做这个……你做那个……"）。为了重建婚姻，需要安排能推进关系的行动。安排和推进约会计划显示了对关系的投入和重视，伴侣也得以期待某些积极的事物。

第3步：约会期间放下冲突

这可能是最重要的一步。尽管它不能抹去残留的伤痛或被背叛感，却是承诺开启新关系的时期。这段关系建立在共同的梦想和愿望、分享权力、应对对彼此满意度的起伏的基础上。伴侣达成共识——在约会期间致力于放松，不提及任何冲突或争论点。伴侣应该小心可能破坏约会之夜的敏感话题并避开它们。尽管第一次约会可能会有一些压力和紧张，却是一次创造积极回忆的机会。

然后按计划去约会！

关于约会之夜的反思性问题

这些问题可能有助于彼此交流或进行下次伴侣治疗会谈。

（1）你们是一起制订约会计划的吗？你们是怎么协商的？这

是容易还是困难的？体现在哪方面？你们能从头到尾完成约会吗？（如果有的话）困难是什么？

(2) 你对"首次"约会的感觉如何？

(3) 你和你的另一半有没有设定基本规则——约会时什么可以谈，什么不可以谈？你们能遵守吗？

功能良好的伴侣是怎么做的？

从不忠的影响中恢复的伴侣，有很多不忠相关的问题需要处理。而功能良好的伴侣（Gottman，2011）的所作所为对伴侣治疗师很有启发性，Carlson 和 Dinkmeyer（2003）指出了拥有满意关系的伴侣的10个特征。这些伴侣：

(1) 各自承担责任，发展自尊；

(2) 相互鼓励；

(3) 关系目标明确并达成一致；

(4) 坦诚而开放地沟通感受；

(5) 共情地倾听对方的感受；

(6) 设法理解影响其关系的因素；

(7) 表现出对对方的接纳和珍视；

(8) 选择对关系的积极目标有支持作用的思维、言语和行动；

(9) 解决关系的冲突；

(10) 致力于保持平等关系。

据 Carlson 和 Dinkmeyer 所述，治疗师可以把这些技能教授给缺乏相应能力的伴侣。他们认为，随着时间发展，关系中微小的改变可以逐渐带来更大的变化。因此，就"突破"或洞察而言，伴侣治疗师并不认为伴侣要一步到位，任一微小而可见的改变都很重要。他们也认为，即便伴侣感到的爱和关心的感觉会随着时间消退，它们也还会回来——但不会自动发生，而是需要做出主动的、有目的的行为改变。最后，他们认为改变需要时间（和耐心）并始于双方的选择。这让双方有权力为自己做决定，并持续做决定。这个选择也会带来伴侣系统动力的改变，对于正在努力处理不忠的伴侣来说，他们正感到无力、失控，而这些特征可以将他们引向更积极的关系。

其他方法也认同上文提到的许多特征，如 Gottman（2017）提出的"爱的小屋"。小屋的元素包括：创建爱的地图、分享喜爱和赞美、面对彼此、积极的视角、处理冲突、让生活的梦想成真、在信任和承诺的背景下创造共同的意义。

Gillet（2017）在《商业内参》（*Business Insider*）的一篇文章中提到了 Gottman 的作品，并审视了那些成功保持关系的所谓的"超能伴侣"（双方在事业上都非常成功）及其看起来拥有的9个共同点。

(1) 把共度时光放在优先级。时间是最珍贵的资源，对于这些伴侣尤为如此。因此，他们要主动并仔细地安排业余时间。选择了什么，意味着把什么放在优先级——成功的伴侣选择彼此。Gillet（2017）引用 Mark Zuckerberg 和 Priscilla Chan 的例子，这对伴侣定了一个协议，承诺每周花100分钟彼此相伴并每周约会一次。尽管在某些人看来这可能有些机械化或程式化，但重要的是，这是关于时间资源的承诺。不论什么形式，这是形成有意义连接的途径。

(2) 外包琐碎的家务。时间是如此珍贵，有其附加的经济价值。这是每个人薪水的基础（"时间就是金钱"），也可能是关系价值的基础。Gillet（2017）引用 Laura Vanderkam 的作品，她研究了成功女性的习惯，发现她们会"外包"许多需要花业余时间做的家务，这样就能和家人（伴侣）共度时光。尽管看起来这可能是一笔草率而昂贵的花费，她却说："如果你每年赚45000元，每周工作40小时（即每年2080工时），你每小时可能价值约22元。"因此，付某人每小时约20元，换来生命中宝贵的时间来与伴侣共度是值得的。

(3) 花时间做善事。还是引用 Zuckerberg 和 Chan 夫妇，或者比尔·盖茨夫妇的例子，他们都创立了基金会，共同在社区中行善。如果你的来访者（像我们大多数人）不如这些亿万富翁有钱，创立一个基金会可能不是个好选择。但共同帮助他人，可以一起建立内在的积极感。这让个体超越自我，与更深层的、共同的灵性目标连接，也可能构成对彼此关系的明确且一致的新梦想、幻想或愿望。

(4) 倾听并共情。正如第8章和第9章所讨论的，伴侣有几种方式倾听和共情对方。去倾听遇到难题的伴侣，而不一定要去解决问题，这可能是非常好的方法。难点在于成功人士日常要花很多时间来解决问题，这意味着他们可能落入两个陷阱：①贸然提供解决方法，这可能让对方感到自己没有能力解决问题；②在工作中倾听和解决问题已经让人感到很崩溃了，以至于回家后没有能力再倾听伴侣的问题。能够避免这两个陷阱的伴侣，就找到了共处、理解彼此的需要并就此沟通的方法。

(5) 及时说出问题。这些伴侣了解时间的价值，不会把它浪费在心怀不满或未言明的痛苦中，反之，他们早早地就说出担忧。这可能源于工作经验——重视解决问题，纠正错误（"对生意有好处"）。这些人不是冲突回避者，他们把冲突看作让事情变得更好的机会。因此，他们在关系中"单刀直入"，确保以一种有效且能被伴侣接受的方式传达他们的不满。

(6) 表达欣赏。可以大张旗鼓地进行（如买一大束花送到办公室），然而欣赏的最有力的表达通常是小而及时的事物，比如午休间的短信或电话。尽管泛泛地表达欣赏有作用，但是当一方注意到对方做了某件小事，并对此表达了欣赏，这是最有效的。要注意的是欣赏不需要针对伴侣为你个人做的事；也可以是注意到或欣赏伴侣为孩子、家人、社区等做的事情。

(7) 从一开始就在重要问题上达成共识。正如伴侣为关系创造的明确且一致的梦想、幻想或愿望，所谓的超能伴侣对自己的需要和期待会非常坦率。尤其是如果两个非常成功的人都期待对方满足自己的需要和意愿，就要非常明确地知道具体内容和实施方式。正如本书在权力分享或权力失衡问题中所讨论的，伴侣明确彼此的期待并达成共识（如关于钱和性的问题），可以避免后期的误解和失望。这些共识可以像在商业领域中那样，以书面合同的形式列出。如果时间和环境允许，伴侣还可以定期回顾合约并重新协商。

(8) 彼此承诺。这点可能说起来容易做起来难，但承诺的概念非常关键。伴侣能感到对方是自己的"后盾"。如果伴侣有这样的感受，当距离或工作将他们分开时，他们就不会感到焦虑。其他技能是这种隐性的信任和承诺的重要基础。承诺也意味着以其他人做不到的方式支持对方，成功人士周围有很多人看起来值得信任、为人忠诚并支持他们，但（实际上）是对他们有所求。伴侣这个"避风港"让他们感觉有个人能完全依靠，无须质疑其支持和承诺。

(9) 工作单位能理解"家庭为先"的理念。与身在公司或企业高层的成功人士相比，自己就是老板的人更容易做到这点。现在许多公司已经意识到，有一个支持员工的企业文化很重要。这可能包括一个"对家庭友好"的环境，即允许员工保持良好的工作-生活平衡。说到底，这有利于公司的经营，因为有家庭问题的员工的工作也会受到负面影响。

情绪调节

Gottman 的另一个发现与成功关系的运作有关。据 Gottman（2011）所述，成功伴侣展现出一系列关键技能，这些技能是"在长期的承诺关系中建立信任的蓝图"。能做到这些的伴侣属于"情绪教导型"，因为他们不为对方的负面情绪承担责任，而是理解和共情对方。反之，做不到这些的伴侣属于"情绪摒除型"，因为他们觉得要为对方的负面情绪承担责任，而如果不能（或不想）"处理"这些情绪，他们会将之摒弃为"愚蠢的"或有毛病的。这种摒弃常引起另一方被忽视和不被在意的感受，是权力失衡和最终关系满意度低的指示剂。

Gottman（2011）把情绪教导型伴侣的一系列技能称作

"ATTUNEment"。ATTUNE 是以下六种技能的缩写：觉察情绪（Awareness）；面对情绪（Turning toward）；耐受情绪体验（Tolerance）；理解情绪（Understanding）；不带防御地倾听情绪（Non-defensive listening）；感同身受（Empathy）（Gottman, 2011）。情绪摒除型伴侣可以学习这些技能，并且需要"转变"思维。换句话说，要改变伴侣系统的动力，才能建立关于负面情绪的新"设定点"。以下将分别描述这六种技能。

（1）觉察情绪。这个技能可以让个体不责备或不评判地评估伴侣的情绪状态。这意味着精确地分类和识别情绪。伴侣还要通过处理情绪、让对方表达，来帮助对方"释放"情绪，安抚对方。负面情绪可能与外界因素或事物（工作、老板、家庭、孩子）有关，也可能是向内聚焦的（因为伴侣本身或伴侣的行为而生气）。

（2）面对情绪。当负面情绪与他人或他物有关时，伴侣更容易实施这个技能。但当负面情绪与伴侣自己有关时就比较困难了，并且需要具备自我安抚（和安抚对方）的技能。伴侣通过面对（负面）情绪，寻找在驱动负面情绪的抱怨或批评背后的"正面"需要。"通常来说，哀伤中蕴含某些事物的丧失，愤怒中蕴含受挫的目标，失望中蕴含希望和期待，孤独中蕴含连接的渴望"（Gottman, 2011, p.193）。伴侣一旦找到需要，就可以努力去满足那个需要，而不是围绕承担负面情绪的责任而争执。

（3）耐受情绪体验。耐受对方的（负面）情绪体验不代表认同该情绪（尤其当负面情绪是指向伴侣的），这意味着伴侣既不试图去改变这一情绪，也不试图说服对方不要有那样的情绪。耐受对方的情绪不意味着要和对方有一样的感受,而是待在负面情绪中和与对方同在。

(4) 理解情绪。这个技能包括从对方处得到关于其体验的信息,也包括能够凭直觉知道负面情绪背后的问题或动机。据 Gottman(2011)所述,"他们把自己'往后放'来理解对方的观点"(p.194)。个体开始了一项"任务"——寻找对方的体验是什么、对方如何理解这件事(而不是基于自己的视角)。当对方的情绪指向外部时,伴侣较容易以冷静和不评判的方式去做。而当自己是对方情绪的对象时,伴侣就面临很大的挑战(尽管最终是值得的)。

(5) 不带防御地倾听情绪。不带防御地倾听属于理解的技能,是个体能够以全然在场的方式(尤其当他们可能是负面情绪的对象时)倾听对方,不做反应或"妄下结论"。有几种办法有助于伴侣做到这一点:可以通过自我安抚和深呼吸来调节个人情绪;可以从认知上重构自己和对方的体验,比如以"自我对话"的形式——个体对自己说"这不是在说我"或"我明白听到这些是令人苦恼的,但我不必加诸自身"。

(6) 感同身受。最后一个技能是共情。共情是指站在他人的角度看问题的能力,不仅是以像他人看待经历的方式去看待,还要像他人感受经历的方式去感受。个体在这样做时,能够与对方的体验产生共鸣,并准确地反馈给对方——我理解你的体验。这不同于"我知道你的感受,因为我曾经感到……",而是"如果我是你,而这发生在我身上,我很可能会感到……"(像对方现在感受到的一样)。这确认了对方的体验,也确认了对方对其体验的解释，在对方心中建立了信任。

这一系列技能对所有伴侣都非常有效，对于处理不忠后续的伴侣也至关重要。它们在伴侣间建立起"对方懂我"的感觉，并让双方感到对方将能够帮助自己修通这些感受，而不只是帮自己解决问题而已。这也让他们能够选择"对对方做何反应"。相对于与外部环境或人（如，工作、朋友、学校、孩子等）的冲突，伴侣之间的冲突（如在不忠的情况下）尤为如此。最后，在伴侣努力解决困难情境、处理严重的负面情绪和应对共同生活必然会有的起起伏伏时，情绪调节技术能帮助他们建立信任。

结论

尽管本章聚焦于治疗"完成以后"，但由于这是基于系统的方法，"结尾"里介绍的技能也可以（很可能应该）在治疗开始时就加以介绍！尽管本章还介绍了很多成功伴侣采用的技能，但目的不是为了表明功能良好的关系和存在不忠的关系间有多么显著的差别。相反，我们想表明没有关系是完美的，需要每对伴侣的共同努力才能成功。成功的关系和存在不忠的关系的不同，常常可以归结于选择、技能和伴侣创造的动力。

最后一章将介绍一些有争议且本书没有明确解决的问题，还将介绍有效的治疗给整个系统带来的变化。最后，我们将介绍两个有着高关注度的公众案例，案例中的伴侣从不忠中恢复，并承认伴侣治疗帮助了他们。

第 11 章

总　　结

本章将回顾解释和治疗模型及其系统式"根源",还将介绍某些与不忠的治疗有关的、较富争议性的重要问题。

本书未涉及的争议性话题

治疗师在治疗努力从不忠中恢复的伴侣时会面临一些临床问题,也没有哪本书能囊括与之相关的全部内容。本书试图对基于系统的方法进行概述,这将有助于伴侣治疗师与这些伴侣一起工作。一些没有得到充分讨论的问题将在下面进行简要介绍。

伴侣治疗师应该保守伴侣不忠的秘密吗?

如果伴侣一方在治疗中承认了不忠,但又不想向对方坦白,治疗师该怎么办?这很可能是伴侣治疗师面临的分歧最多的问题之一。伴侣治疗师必须做出选择,是尊重个体的自主权,在知道这个秘密的情况下继续与这对伴侣工作吗?还是拒绝与这对伴侣工作,除非伴侣坦白不忠(并帮助其坦白)?

实际上，一些从业者认为，保守秘密是与伴侣一方针对另一方的共谋，会破坏治疗。许多系统取向的伴侣治疗师认为伴侣整体才是"来访者"，而不是单独的个体。因此，如果个体的行动（隐藏不忠）不利于来访者（伴侣整体）的健康，从伦理上来说，就必须把不忠说出来。然而，也有从业者认为个体才是来访者。近来，很多知名的伴侣治疗师以及处理不忠问题的专家表示，他们已经改变了"绝对需要立即说出不忠"的立场（Weiner-Davis，2017；Sachs，2008）。一部分的原因是，根据其临床经验，并非所有的伴侣都能从"说出不忠"中获益，尤其是不忠发生在过去且已经结束了，而个体致力于改善关系。每个伴侣治疗师要基于其最优临床判断和信息去解决这个问题，重点是无论采用哪种策略，在与伴侣工作前应该先解释清楚。

伴侣治疗师应该如何处理"第三者"的问题？

这是另一个对伴侣治疗师来说有争议的问题。Esther Perel（2017）倡导一种立场：应该在伴侣治疗中考虑"第三者"的视角。她（以及认同她方法的人）认为伴侣一方与第三者的关系不一定要结束，还提倡在某些情况下伴侣会谈应该纳入第三者。自然，你会明显地感到这个观念与试图帮助伴侣疗愈并做出系统性改变的方法完全相反。

同性恋、双性恋和变性人群的情况如何？

本书试图探讨不忠对于有着互相承诺的关系（不论婚姻状态）的影响。近年来，婚姻的状况已经发生了巨大的变化，尤其是同性恋婚姻已经得到了一些政府立法认可。我在之前的书中邀请了两位作家分别介绍与男同性伴侣（Shernoff，2007）和女同性伴侣（Burch，2007）的工作，因为我觉得这涉及独特的文化和背景，需要来自与相关群体工作的从业者的专业意见。另外，我觉得自己也不是这个领域的专家（虽然确实有与同性伴侣工作的经历，但我感觉自己还不够专业）。

对多元关系的理解和对多样化性忠诚的理解一直在发展，这将持续影响大众对不忠的理解。另外，近年来对跨性别伴侣的支持和容受度急剧增加，这也将持续推动伴侣治疗领域的发展，影响我们对伴侣、伴侣功能和不忠性质的理解。既然本书是系列书籍的第一本，我希望未来系列中会有一册专门讨论这类伴侣治疗的情况及进展。

临床研究的情况如何？

本书在聚焦于临床问题的同时，试图尽可能多地囊括研究发现。实际上，未来还需要更多的研究，关注不忠的发生率、对不忠的理解，以及伴侣治疗对不忠的治疗（Hertlein & Piercy，2008；Moller & Vossler，2015）。尽管有些从业者（Doug Snyder，Sue Johnson & Dave Atkins）已经在这个领域做了非常重要的工作（McIntosh et al.，2007；Kessel et al.，2007；Snyder et al.，2008），但我们还需要更多的工作，增加对应对不忠的伴侣进行伴侣治疗的证据基础。目前，我与 Gottman 夫妇正在参与一项全美的随机临床实验，它有望为在有不忠问题的伴侣中应用 Gottman 伴侣治疗法提供证据支持。说到"争议"，本书最后列举的具有高关注度的案例之一来自20世纪末和21世纪初最具有争议性的人物——这对伴侣在超过25年的时间里影响了美国的政治生活，他们不仅公开了不忠关系，还承认从伴侣治疗中获益。

比尔·克林顿和希拉里·克林顿

"我和那个女人没有发生性关系。"美国第42任总统比尔·克林顿说的这些话,可能是不忠最经典的案例之一,也是一个总统所付出的代价。1999年,他成为美国历史上被参议院弹劾的第二位总统(安德鲁·约翰逊是第一位)。他试图隐藏与实习生莫妮卡·莱温斯基的不忠关系,这招致了被弹劾的严重后果,尽管他被证明是无罪的(伪证罪或妨碍司法公正)。

然而,故事既非从此开始,也没有就此结束。比尔和希拉里在耶鲁大学法学院相遇,并于1975年结婚。希拉里表示曾经拒绝过比尔两次——因为他倾心于政界。正如在自传中所述,她"知道嫁给他会像坐彗星一样"。后来,她觉察到比尔在婚姻中存在不忠,但宁愿把他的不忠归结于童年的某些影响(试图取悦他苛刻的母亲和外婆)——她原本以为(或希望)他已经克服了。然而,在1992年新罕布什尔州大选初选前夜,比尔被曝出与前阿肯萨斯州工作人员詹妮弗·弗洛尔有长达十多年的不忠关系——克林顿的竞选团队对此早有准备。据报道,希拉里承认"多少有那么回事"。克林顿夫妇高调地参加了一个电视节目,希拉里在节目中说:"我坐在这里,并不是像歌里唱的'作为一个小女人站在我的男人身边'。我坐在这里是因为我爱他,我尊重他,我尊重他所经历的和我们共同经历的。"

他们的很多朋友都暗自揣测这段婚姻是否已经濒临破裂。她在《生活史》(*Living History*)这本书中写道,在比尔承认所发生的事情后,她"目瞪口呆、感到心碎和愤慨,因为自己竟然相信了他"。之后,她又自责于自己没有照顾到比尔的情感需要,尤其是当他承受巨大的压力时。这一切重演于后来比尔与莫妮卡·莱温斯基的关系中，比尔也最终承认了与对方的不忠事实。据称，尽管希拉里承认比尔的这段性关系给她造成了很深的伤害和痛苦，却认为它"毫无意义"，是比尔的一时疏忽。2017年，她在自传《发生了什么》(*What Happened*)中反思道：

> 我曾经深深地不确定我们的婚姻能否或应不应该维持。但在那些日子里，我问了自己几个重要的问题：我还爱他吗？我仍然能留在这段婚姻中而不会失去本来的面目吗——不会被愤怒、憎恨或冷漠所扭曲？答案总是肯定的。所以我继续走这条路。

克林顿夫妇接受了伴侣婚姻治疗。比尔谈到了马拉松式的会谈，他在长达一整天的会谈中审视他的生活和选择。据他所说，会谈持续了一年多，他在电视节目中承认这段经历是值得的：

> 假设这没成功，而我们已经离婚了……我还是会非常感谢我做了治疗。因为很多人非常相爱，但关系还是沦为了例行公事、模式和习惯，我认为这就是所发生的事情。

他们没有离婚，希拉里·克林顿说："我们经历了许多幸福时光，远多于难过和愤怒的时光……我全心全意地爱他。这完全足以让我们一起生活了。"

有些人认为克林顿夫妇的婚姻是政治安排，他们的言语和情感都是在公众面前"作秀"。也有人认为，克林顿夫妇对其婚姻和不忠的言论诚实而准确地反映了他们的关系。除了在电视上看到的和书上读到的，我并不了解他们，因此也不能确定哪种观点是正确的。对于介绍他们的案例，我有两个想法：①这是最公开的（记录最详细的）白宫里出现的不忠事件之一；②当事人谈到他们接受了一位治疗师的治疗，并在事件发生20年后仍然在一起。而且在本书写作时，他们也仍在一起。另外，也没有再出现有关克林顿夫妇不忠的报道，这意味着治疗也许帮到了他们。重要的是，这给了伴侣治疗领域以相当大的鼓励。

回到三步模型和系统动力

你已经阅读了本书，希望也有所收益。解释不忠如何发生，帮助伴侣从不忠中恢复并发生改变的模型不仅有用，也很重要。三步模型虽然确实是一个线性的、逐步的过程，但更恰当的理解是这些"步骤"是连续相容的，不是排他的、彼此完全不同的。我希望最后几个章节已讲清楚，即便伴侣已经创造了明确一致的对关系的新梦想、幻想或愿望，仍要去讨论如何分享和平衡权力，以及这两部分在应对关系满意度的变化中起到的作用。

另外，我希望本书有助于阐明第2章介绍的两个系统取向的原则，即：①不忠并非关系的核心问题，它只是一个症状；②双方在创造导致不忠的条件中均有责任。这是治疗师和伴侣双方有关不忠的思维里必须有的、较重要和深刻的"转变"之一，而且我认为成功的治疗仰赖于这一转变。我想以另外一个受到高度关注的案例作为结尾，这对伴侣承认了不忠并寻求伴侣治疗，最后发现治疗非常成功。

杰斯和碧昂丝

艺人碧昂丝和杰斯是最棒的"超能伴侣"，他们从2002年开始合作，并于2008年结婚。他们的商业运作非常成功，收益颇丰，并连续数年占据伴侣收入排行榜的首位。他们以不在公开场合讨论彼此的关系而闻名（甚至隐瞒了结婚的事实）。杰斯曾说，他们会特意不提及他们的婚姻。然而，在2015年出现了有关二人不忠的传闻。一段监控录像显示，碧昂丝的妹妹十分突然地、猛烈地攻击了杰斯（就像是听说了一些令人震惊和生气的消息后的反应），这引起了媒体关于杰斯不忠的猜测。碧昂丝在2016年发行了一张专辑《柠檬水》（*Lemonade*），包含以背叛和不忠为主题的歌曲。她在一首歌中唱道："你知道我把生命给了你，如果再做蠢事，你就会失去你的妻子。"

后来，杰斯在2017年发行了一张看起来是自传性质的专辑《4:44》，里面有一些像是对他妻子道歉的歌曲，并在《纽约时报》的一次采访中公开宣传了他的专辑和他与碧昂丝的关系。他承认自己之前有所不忠，表示他和碧昂丝接受了治疗来处理后续问题。他说：

> 我从这次经历中有了很多的成长。学到的最重要的事情是每件事情、每个情绪都是有联系的，都有来处。要保持觉察，在日常生活中保持觉察会给你带来非常……非常多的好处。

他说，在儿时他被别人霸凌过，也霸凌过别人。他谈到自己成长于布鲁克林地区的政府补贴住宅区，没有父亲；他还提到情绪的幸存模式："当你进入幸存模式时会发生什么？你会关闭所有情绪感知。所以，即便是对妻子，你在情绪上也关闭了，所以你不能与她联结……而这样就发生了之后的事情——不忠（Baquet 2017）。"他和碧昂丝通过治疗开始了疗愈的过程。杰斯表达了这有多困难："最难的是面对对方的痛苦之情，那是你造成的，接着你需要去面对自己。"他们维持了彼此对婚姻的承诺："你知道，大多数人都离开了——离婚率好像是50%——因为大多数人无法面对自己。"他们也利用作品来解决问题——计划同时发行专辑，但碧昂丝准备得更快。杰斯还反思了整个过程：

> 我们就坐在那儿，很不舒服，我们谈了很多。（我）真的为她的音乐骄傲，她也为我的作品骄傲。我们对彼此的作品有着健康的尊重，我认为她太棒了。

在写作这本书时他们的婚姻还在继续，2017年他们宣布有了一对双胞胎。

碧昂丝和杰斯非常富有，能够利用作品来表达内心的混乱，从不忠的伤害中恢复。杰斯也承认有效的伴侣治疗帮到了他们，他承认原生家庭的问题影响了他在情绪上对妻子表达自己（或不表达自己，比如"情感隔离"）。他谈到伴侣治疗帮他以一种新的方式看待自己和妻子（为关系创造新的幻想或梦想）并让他们找到方法合作（在专辑上、也在关系中分享权力）。最后，他们彼此沟通的能力（进行了很多不舒服的谈话）

似乎表明，他们找到了能够应对关系满意度变化的技能，并最终看到关系总体随时间发展逐步变好的轨迹。

结论

当然，所有这一切的目标是让整个伴侣系统发生变化。整个系统的二级变化将在更深层的、结构性的水平上改变伴侣彼此关联的方式。最后，本书意在表明只要伴侣愿意共同努力去完成这些步骤，所有伴侣——始于爱、希望和信任的伴侣，不管其间发生了什么——都能再次找到爱与和谐。

参 考 文 献 *

Abrahms Spring, J. (with Spring, M.). (1996). *After the affair: Healing the pain and rebuilding trust when a partner has been unfaithful*. New York: Harper Collins, Inc.

Adler, A. (1931/1998). *What Life Could Mean to You*. Center City, MN: Hazelden.

American Psychiatric Association. (2013). *Diagnostic and statistical manual of mental disorders: DSM-5* (5th ed.). Washington, DC: American Psychiatric Association.

Atkins, D. C., Eldridge, K. A., Baucom, D. H., & Christensen, A. (2005). Infidelity and behavioral couple therapy: Optimism in the face of betrayal. *Journal of Consulting and Clinical Psychology, 73*, 144-150.

Atkins, D. C., Marin, R. A., Lo, T. T. Y., Klann, N., & Hahlweg, K. (2010). Outcomes of couples with infidelity in a community-based sample of couple therapy. *Journal of Family Psychology, 24*, 212-216.

Baquet, D. (2017, Dec. 3). Jay-Z and Dean Baquet. *New York Times*. Retrieved online from https://www.nytimes.com/interactive/2017/11/29/t-magazine/jay-z-dean-baquet- interview.html

Baucom, D. H., Snyder, D. K., & Gordon, K. C. (2009). *Helping couples get past the affair: A clinician's guide*. New York, NY: Guilford Press.

Baumeister, R. F., & Leary, M. F. (1995). The need to belong: Desire for interpersonal attachment as a fundamental human motivation. *Psychological Bulletin, 117*(3), 497-529.

---

* 为了环保，也为了节省您的购书开支，本书参考文献不在此一一列出。如果您需要完整的参考文献，请通过电子邮箱1012305542@qq.com联系下载，或者登录www.wqedu.com下载。您在下载中遇到问题，可拨打010-65181109咨询。